数字出版研究辑刊

（2020年卷）

Compilation of Digital Publishing

王京山 | 主编

图书在版编目（CIP）数据

数字出版研究辑刊. 2020年卷／王京山主编. —北京：中央编译出版社，2020.3
ISBN 978-7-5117-3861-5

Ⅰ. ①数… Ⅱ. ①王… Ⅲ. ①电子出版物－出版工作－文集 Ⅳ. ①G237.6-53

中国版本图书馆CIP数据核字（2020）第032785号

数字出版研究辑刊. 2020年卷

出 版 人：葛海彦
出版统筹：贾宇琰
责任编辑：王丽芳
责任印制：刘 慧
出版发行：中央编译出版社
地　　址：北京西城区车公庄大街乙5号鸿儒大厦B座（100044）
电　　话：（010）52612345（总编室）　　（010）52612349（编辑室）
　　　　　（010）52612316（发行部）　　（010）52612346（馆配部）
传　　真：（010）66515838
经　　销：全国新华书店
印　　刷：河北下花园光华印刷有限责任公司
开　　本：710毫米×1000毫米　1/16
字　　数：167千字
印　　张：13.5
版　　次：2020年3月第1版
印　　次：2020年3月第1次印刷
定　　价：68.00元

网　　址：www.cctphome.com　　　邮　　箱：cctp@cctphome.com
新浪微博：@中央编译出版社　　　　微　　信：中央编译出版社(ID: cctphome)
淘宝店铺：中央编译出版社直销店（http://shop108367160.taobao.com）
　　　　　（010）55626985

本社常年法律顾问：北京市吴栾赵阎律师事务所律师　闫军　梁勤
凡有印装质量问题，本社负责调换，电话：（010）55626985

前　言

数字出版是建立在计算机技术、通信技术、网络技术、流媒体技术、存储技术和显示技术等高新技术基础上，融合并超越了传统出版内容而发展起来的新兴出版产业。它发端于20世纪末叶，兴起于千年之交，在信息技术进步和商业模式变化的双重推动下一路劈波斩浪，迅猛发展。2019年8月，中国新闻出版研究院在第九届中国数字出版博览会上发布了《2018—2019中国数字出版产业年度报告》，该报告显示，2018年中国国内数字出版产业整体收入规模为8330.78亿元，比上年增长17.8%。从产业总量看，数字出版产业已成为新闻出版业的重要组成部分。

数字出版产业的迅猛发展，迫切需要加强数字出版人才培养。数字出版人才的培养，成为整个新闻出版业转型发展的关键因素。数字出版产业既需要大量的数字出版实践操作型人才，也需要具有高水平数字出版专业能力的复合型人才。为培养适应数字出版产业及社会发展需求的数字出版人才，各高校纷纷开设数字出版专业，以适应新闻出版业转型发展对新型数字出版人才的旺盛需求。

为此，我们需要大力加强数字出版教育教学和人才培养方面的教学科研研究。这本新推出的《数字出版研究辑刊》(2020年卷)也聚焦于数字出版人才培养和教育教学,主要收录了北京印刷学院师生在数字出版教育教学和人才培养方面的研究论文。除数字出版人才培养、数字出版专业教学改革和课程建设等方面的论文外,还收录了若干国内外出版教育研究方面的论文作为数字出版教育教学和人才培养方面的借鉴与补充。我们希望本研究辑刊在汇总研究探索成果的同时,也能够成为全国高校数字出版教育同行交流学习的基础。

本书出版得到北京市教委专项资金资助。本书的编辑出版得到了北京印刷学院数字出版专业和本校其他院系老师的大力支持,得到了北京印刷学院新闻出版学院的鼎力支持。在本书出版之际,向各位领导和老师们表示衷心的感谢!我们谨在此祝愿全国数字出版专业能够不断进取,取得更大的成绩。

王京山

2020.3.12

目 录
Contents

第一篇 数字出版教育教学

借势与独立：产学研融合下的编辑出版学专业教育
　　张文红 / 3
全国高校出版专业建设现状调查与分析
　　陈　丹　张　聪　仲　诚 / 7
2015年出版教育研究述评
　　连星星　陈　丹 / 23
培养数字出版专业学生实践能力和创新精神的有效途径
　　——北京印刷学院数字出版专业岗位综合实习效果分析
　　王京山　刘　明 / 36
知识体系视角下高校出版专业核心课程体系的构建
　　陈　丹　仲　诚 / 44

数字出版人才知识能力构成特征分析
　　张维娣　张志林　黄孝章 / 55

《数字版权管理》课程教学改革研究
　　包韫慧 / 70

《数字出版物创编》课程建设的实践与效果分析
　　王京山 / 81

第二篇　国外数字出版教育研究

中英出版专业硕士研究生教育的比较研究
　　何　妍　叶　新 / 95

从德国高等教育看应用型本科院校人才培养
　　刘超美　李晋尧　黄孝章　王晓林 / 106

德国双元制教育模式对我国数字出版人才培养的启示
　　陈　丹　周　红 / 112

试析美国杂志出版本科教育
　　叶　新　后宗瑶 / 120

本科学习人数下降　专业就业率提高
英国出版本科教育概况
　　叶　新　张馨宇 / 129

第三篇　数字出版人才培养

产业链瓶颈迁移与出版人才培养模式创新
　　张志林　陈　丹　包韫慧 / 137

目录

北京印刷学院数字出版人才培养探索
  陈　丹　张志林 / 147

大力培养数字出版应用型人才
  陈　丹 / 156

媒体融合下数字编辑人才建设探讨
  刘华坤　张志林 / 160

数字媒体编辑工作特点及其人才培养探析
  房美丽 / 171

"互联网+"时代的出版人才培养探究
  吴　泱　张文红 / 182

中国数字出版人才教育新路径探析
  秦靓婷　吴永凯 / 191

关于本科生利用网络开展研究性学习的若干思考
  王京山 / 200

第一篇
数字出版教育教学

借势与独立：产学研融合下的编辑出版学专业教育[*]

张文红[**]

我主要想从以下三个方面谈一下想法。第一，编辑出版学的发展历程；第二，北京印刷学院的编辑出版教育现状；第三，编辑出版院校未来的发展之路。

我国编辑出版学教育历史与现状

实际上，从我国出版专业的设置来看，它走过了大概 50 年的历程。首先是一个孕育的时期，1956 年，中央工艺美术学院设立编辑出版系和图书发行系。之后是建立期。1983 年，武汉大学率先成立图书发行管理学专业，后来这个专业受到国家领导人的重视，陆续在北京大学、

---

[*] 本文原载《出版广角》2013 年第 16 期。
[**] 作者简介：张文红，北京印刷学院新闻出版学院教授，编辑出版系主任。

南开大学、复旦大学等高校设立编辑学专业。第三是发展时期。1998年，编辑出版学受到欢迎，相关部门对此专业进行了一次调整，使编辑出版学和广告学、传播学并列。据统计，当时已经有130多所高校开始在新闻学院开设编辑出版专业。

编辑出版学专业的教育现状

目前编辑出版学专业的教育现状呈现两方面的特点：一是比较繁荣，二是问题重重。

繁荣主要体现在以下几个方面：一是办学规模逐渐扩大。2013年，出版学的教执委做了一次摸底，开设编辑出版专业的学校比2012年多了10所。除此之外，2012年教育部对普通高等学校进行了一次调整，这次调整除了保留编辑出版学专业外，数字出版专业作为特设专业被正式地列了出来。这一调整表现了国家对出版专业的大力支持。二是出版教育格局的全面化。出版专业提供了从本科、硕士、博士到博士后的全面教育。三是办学成果丰富。出版专业的课程建设、师资建设取得了一定的成果，在行业和社会中的功能逐渐凸显。据统计，在北京众多出版部门里，中层以上的人员中有不少是北京印刷学院和其他院校的编辑出版专业毕业生。

但是，在繁荣的背后，我们也看到现阶段出版专业教育存在的问题。一是专业快速扩张和行业人才需求之间的矛盾。二是部分学校专业设立与专业发展之间的矛盾。三是人才培养规格与行业人才需求之间的矛盾。四是专业特色不鲜明，关门办学现象依然严重。五是编辑出版高层次人才培养因长期"挂靠培养"无法形成规模。下面，我以北京印刷学院编辑出版教育为例，阐述编辑出版教育现状，以及我们所进行的实践与探索。

首先，北京印刷学院举全校之力发展出版专业，我们拥有较充足的经费，并为学生搭建了各种实践平台。我们长期以来的理念就是借势，我们把业界的资源利用得非常好。中国有570多家出版社，70%在北京，这个资源是可以充分利用的。同时我们为学生搭建实践平台，进行特色办学，实现编印发一体化教学。除此之外，我们给学生真正学出版、做出版的机会，我们将实践融入教学中，学生做的模拟书就是一个很好的实践成果。

其次，从师资方面来说，我们会将很多业界的精英聘为兼职导师，带学生参与业界的会议并参与讨论，同时我们还会引进成功人士成为导师。除此之外，我们会派老师出去锻炼，使其跟业界有一个良好的沟通。

最后，我们的实习基地不仅仅局限于北京，中国出版集团、中国科技出版集团、中国教育出版集团这三大集团几乎都是我们的基地。同时，我们也与其他一些出版基地签订协议，并建成了国家级的出版基地。

出版教育未来的发展之路

现在出版产业变化非常快，编辑出版专业的学生应该考虑这样一个问题：你的目标是成为出版人还是会做出版物。我们的理念是，学生首先要愿意做出版物，否则我们的培养就失败了。

现阶段，在整个行业领域里，大家都在做教育的改革，改革主要集中在新闻传播学跨学科人才培养上。出版产业的特征越来越明显，越来越要求培养更复合、大学科的出版人才。所谓大学科，就是学生不仅要学习编辑出版学的相关专业课，同时可能还要学心理学，文学等学科。

　　编辑出版教育应该是出版之道和出版之术并行的教育。我认为"道"是培养一个人的价值追求、人生目标。教育者应该考虑如何培养学生的职业精神，我们要培养的是出版之道，而不仅仅要培养出版之术。我们的教育，不仅仅是编辑出版教育，其目的是唤起人的主体性，我想未来编辑工作更多的是要创新，能深入地分析、清晰地判断，并独立运行自己的思想。如果能做到这些，应该是教育之幸，也是产业之幸，我们整个大学教育改革都应立志于此。

（内容为讲话录音整理）

全国高校出版专业建设现状调查与分析*

陈 丹 张 聪 仲 诚**

摘　要：本文通过对目前我国开设出版专业的 80 所本科高校进行调研，获得了全国本科高校出版专业的分布情况、师资力量、核心课程设置、教材建设、学生考研与就业情况等一手数据。数据显示，三十多年来，我国出版专业建设取得了显著成效，但也存在许多问题。出版专业建设应不断推进体制创新，保持增量，深化学科改革，确立核心课程，优化教师队伍，明确学科属性，进一步规范专业建设思路和发展路径。

中国的出版专业高等教育从 20 世纪 80 年代开始起步，经过三十多年的发展，已经形成了一定的办学规模。随着时代发展，行业和产业对

---

* 本文原载《现代出版》2014 年第 2 期。
** 作者简介：陈丹，北京印刷学院新闻出版学院执行院长、教授，时任全国高校出版专业教指委副秘书长；张聪，北京印刷学院新闻出版学院讲师，时为全国高校出版专业教指委秘书；仲诚，时为北京印刷学院出版专业硕士研究生。

新闻出版人才的需求变化迅速，特别是数字出版产业的快速发展，迫切要求出版专业教育教学改革取得新发展，出版人才培养不断适应出版业转型升级的需要。

在这样的形势下，全国高等学校出版专业教学指导委员会（以下简称"教指委"）于2013年3月22日成立，旨在充分发挥出版教育专家、行业专家的桥梁纽带和咨询指导作用，加强教育行政部门与行业主管部门的沟通与联系，为出版专业高等教育改革发展创造良好环境；加强高等学校与出版研究机构、出版企业的交流与合作，共同打造出版产学研互利共赢的协作创新平台；推进出版学科顶层设计、推动出版专业教育教学政策的贯彻落实，为提高高等学校出版专业教育水平、提升出版专业学科地位建立有效的保障机制。

为了进一步摸清目前我国高校出版专业建设情况，作为教指委秘书处挂靠单位的北京印刷学院组织了专门的调查小组，针对全国高校出版专业建设情况进行了专题调研。通过问卷调查、网络数据分析、深度访谈等多种形式，对全国高校出版专业（包括编辑出版和数字出版专业）的数量、地域分布、发展层次、教师队伍、培养规模、核心课程建设、教材建设等情况进行了深入的调查研究，以期对各高校出版专业建设提供借鉴。

一、我国高校出版专业基本情况分析

1. 出版专业的院校数量及地域分布

通过分析教育部年鉴、历年来教育部新增专业数据，统计出目前全国有83所本科院校开设出版专业，其中5所本科院校开设数字出版专业（分别为北京印刷学院、天津科技大学、武汉大学、中南大学和湘潭大学)。由于数字出版专业设立较晚,且开设院校较少,本文的相关调查将针对其中80所开设编辑出版专业的院校展开。

从地域分布来看,开设出版专业的院校涵盖了全国大部分省、市、自治区,其中华东地区有28所,华南地区有8所,华中地区有15所,华北地区有13所,西北地区有5所,西南地区有5所,东北地区有6所(如图1)。总体来看,华东、华中地区是出版专业分布最多的地区,而西北、西南等地区,则相对较少,出版资源最为丰富的是北京和上海两个城市。

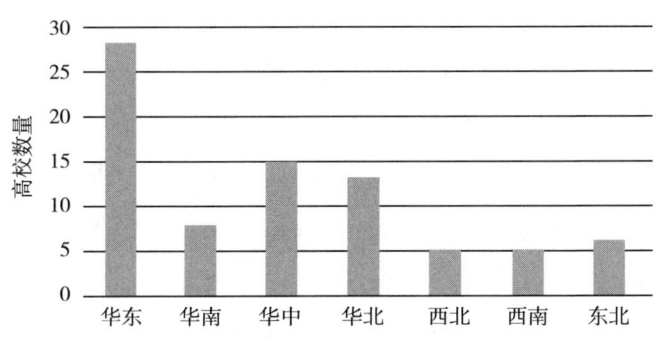

图1　全国高校编辑出版专业分布图

2. 出版专业创办情况及办学层次分析

三十多年来,我国高校开设出版专业的数量变化较大。从最初二十年开设出版专业高校数量的平稳发展,到2001—2005年五年内的井喷式增长,直至最近十年来开设出版专业高校数量的日渐走低(如图2),出版专业的设立经历了前冷后热,而后又再度趋冷的戏剧性变化。造成这种现象的原因,既与出版专业的特性有关,又脱离不了特定时期我国高等教育改革的宏观背景,以及就业市场需求等诸多因素的影响。

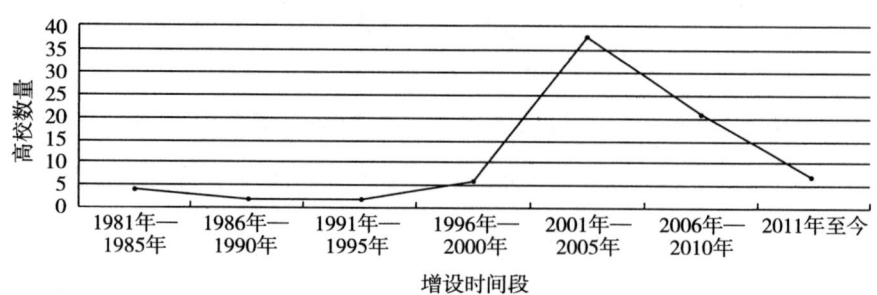

图2 全国高校增设出版专业历史趋

首先,出版专业作为一门应用学科,由于其专业性较强,造成该专业认知度不高。又由于其早期定位不明确,所以在2000年前开设出版专业的14所高校中,除了北京印刷学院、浙江传媒学院等四所二本院校外,主要都集中于一本院校,特别是武汉大学、北京大学等211、985等高校中。但可喜的是经过众多业内专家的不懈努力,在1998年教育部《普通高等教育专科专业目录》中终于将"编辑学"与"图书发行学"进行合并,统称编辑出版学。这为出版专业在全国高校的设立推广提供了十分重要的前提。

此后,国家从1999年开始大规模扩大高校招生人数,到2003年,中国普通高校本专科生在校人数超过1000万。期间,各类高等院校千方百计深挖内部潜力,尽可能地扩大招生规模。在这样的背景下,许多高校以扩招为契机,将出版学作为新专业引入自己的高校,并结合自身高校特色设置专业进行招生。数据显示,仅2001年至2005年的五年中,就有38所高校新增出版专业,其中211、985高校9所,一本院校7所,二本院校17所,三本院校5所。这些院校的加入,大大扩展了出版专业的队伍。

2006年至今,新设立出版专业的高校数量逐年递减。一方面,由于开设出版专业的高校要求具备一定的特色资源或教学基础,目前符合条件与资质却仍未开设出版专业的高校已然不多。另一方面,随着时代的进步,人民生活水平的提高与媒体技术日新月异的发展,出版业内也越来越受到新媒体技术的影响,对人才的需求也日益多样,更多与出版专业技术、专业背景相关的其他专业被业内所接收,这也一定程度上分流了出版专业毕业生的市场需求,降低了许多一本及二本高校增添出版专业的积极性。然而,与之形成鲜明反差的是,这一阶段出版专业受到许多三本高校尤其是民办三本高校的追捧。调查数据显示,三本高校成为这一阶段新增设出版专业的主力,占到新增该专业高校的35%以上。由于三本院校大多数为民办院校(2011年至今新增设出版专业的4所三本院校均为民办高校),其最大的特色在于瞄准市场需求。由于近年来国家大力提倡发展文化产业,再加之众多民办三本院校具有共享他校教学资源、民间资金支持与特定合作企业等显著优势,且其课程安排不受教育部或教委的限制,相对比较灵活,这使得这些三本高校能够准确地锁定出版市场对人才的新的需求与定位,从而开设出版专业。

从办学层次来看,在全国80所开设编辑出版专业的高校中,985和211类高校有20所。其余普通高校中,一本学校有9所,二本学校有34所,三本学校有17所。总体来看,二本高校最多,占到四成以上(如图3)。

调查数据显示,目前高校出版专业的办学层次以本科为主,约6.38%的院校接收专科生,博士和留学生比例则更低。2010年国家开始设置出版专业硕士,着力培养出版行业的高层次应用型人才,目前该专业硕士学位点发展迅速,已经有14所高校开设;加之部分高校在新闻传播一级学科下自设出版学学术型硕士点,都在一定程度上提高了出版人才培养的层次。

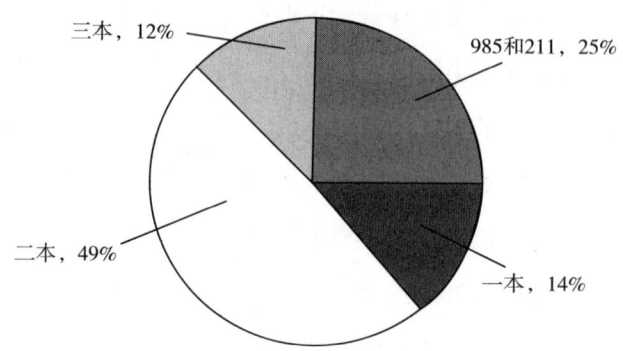

图3　全国高校出版专业办学层次比例

3. 出版专业设置学科属性分析

绝大部分出版专业未达到独立建院或系部的规模，且各高校对出版专业所属二级学院或系部的划分也不尽相同。通过对相关出版专业所处二级学院性质、系别归属、专业课程设置及培养方案等关键信息的分析发现，目前80所高校对出版专业学科属性定位各有不同。其中2.5%的高校（两所）偏向艺术学类；7.5%的高校（6所）偏向管理学类；88.75%的高校（71所）将出版专业定位于文学类，而这71所高校中，又有51所将出版专业设置在新闻传播学一级学科之下，其余20所则设置在中国语言文学一级学科之下。

这一方面是由于出版专业相比新闻传播目录下的新闻学、传播学等专业在学科内涵和外延上具有一定的独特性，拥有相对独立的研究对象和知识构成，但同时这些知识及理论体系又涉及汉语言文学、传播学、新闻学、信息资源管理学等多个专业，因此不同高校不同院系出版专业的设置也会各不相同。另一方面各校出版专业所开设的课程，多由院系已有的师资力量和设备条件而定，有着相当大的随机性。这种情况虽有助于各高校出版专业形成自身特色，但不能否认的是，这种随机性的表象背后，就是近十多年来，各开设出版专业的高校在专业建设上闭门造车，各自为战，缺乏合理的专业建设规划和统一有效的专业性指导，这在一定程度上影响到出版专业的发展。

4. 师资队伍情况分析

调查发现，全国各高校出版专业教师队伍中具有教授职称的占35%，副教授占26%，讲师占26%，助教占13%（如图4）。与同类专业相比，出版专业教师队伍的职称相对较高，这一方面说明本专业教师队伍水平较高，另一方面，也折射出本专业教师平均年龄偏大的现象。

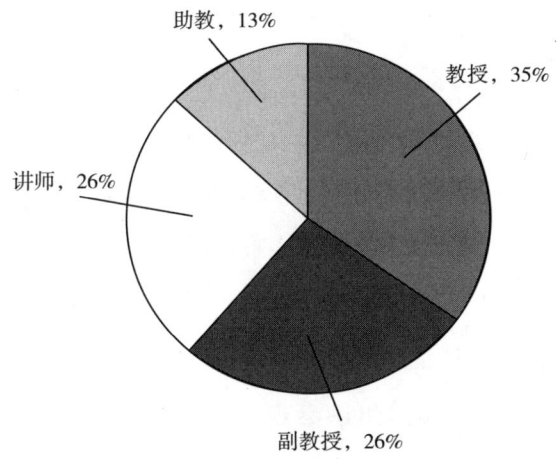

图4　各高校出版专业教师职称比例

另外，从教师学历结构来看，七成以上高校出版专业拥有博士学位的教师比例大于30%，更有40%的高校，具有博士学位的出版专业教师占到了其教师总数的60%以上。可见，出版专业教师的学历程度日趋增高，理论素质日渐深厚。

值得注意的是，在对师生人数的调查中发现，有的院校出版专业师生比例达到1∶35，这在一定程度上反映了出版专业教师缺乏的现状。此外，各校出版专业中双师型教师的缺乏在被调查的高校中仍然是比较普遍的现象。

二、我国高校出版专业教改及课程建设情况

调研组还针对全国各高校出版专业教学改革和教学条件、教材建设和获奖情况、优秀课程和核心课程认定、实验教学示范中心、校内实践创新基地，研究中心或研究所建设等方面进行了重点调查。

1. 教学改革情况

在所有被调查的高校中，各出版专业负责人都表示对教学改革很重视。在关于出版专业教改思路的深度访谈中，四川大学、上海师范大学、陕西师范大学等出版专业负责人提出：一是在课堂教学上，要从单向型教学转变为交互式教学，通过提问、讨论、案例教学、模拟教学等方式，使师生教学相长；二是要将课堂教学与课外学习结合起来，围绕"实践"二字做文章，通过组织参观、走访、调研、实践操作等方式，将课堂所学知识初步运用到实践中去，使学生的实践成果转换为商品和市场价值；三是要努力改进教学手段，包括通过多媒体形式进行课堂教学，在网上开设专门的课程交流平台，通过网络实施教学互动等；四是要充分利用社会资源为教学服务，以走出去、请进来的方式，组织学生多聆听出版产业界名流的讲座，以拓宽学生的知识面；五是要参照国外大学的教学模式，多以案例形式展开教学。

2. 教材建设与教学成果获奖情况

2009年，河南大学对编辑出版学本科教育的现状研究已对出版专业的教材情况进行了梳理，发现全国高校出版专业教材脱节和落后现象非常严重，原先由辽海出版社出版的一套系列教材早已不再适应当今出版专业教学的需求。近五年过去了，这一情况仍然改善不多。在此次调查中，只有27%的高校使用国家规划教材或自己主编的出版类教材。有20%的被调查高校表示对教材建设是"缺乏规划的"，并寄希望于相关机构能够组织撰写高水平的出版教材。在2013年12月召开的全国高校出版专业教指委全体委员会议上，与会的出版教指委委员也纷纷表示，在全国范围内组织部分核心课程教材的编写十分必要。

另外，调查发现各高校出版专业高水平教学成果获奖情况不容乐观，只有26.7%的被调查高校的出版专业获得过市级及以上教学成果（含教材）奖项。这在一定程度上反映出目前我国出版专业高水平教学成果还较为缺乏，需要进一步凝炼。

3. 优秀精品课程建设及核心课程情况

在被调查的高校中，46%拥有市级以上的优秀精品课程，如浙江传媒学院的《中国编辑出版史》、上海理工大学的《出版学概论》等。调查发现，各高校出版专业核心课程的设置存在一定差异。为此，教指委通过问卷调查以及专题座谈，进一步了解并汇总各高校对于出版专业核心课程设置的意见和建议，最终形成了相对统一的意见。各高校专业负责人对编辑出版专业核心课程设置集中于出版学、编辑实务、中外编辑出版史、出版法规等课程。而对于数字出版专业，调查数据显示集中于数字出版概论、数字媒体技术与应用、数字媒体编辑、数字出版营销等课程。核心课程的总数在6—8门为宜。调研组按照出版专业教指委各位委员投票情况排序，对编辑出版和数字出版专业的核心课设置进行了汇总（如表1）。

表1 编辑出版、数字出版专业核心课程设置统计表

编辑出版专业核心课程建议	数字出版专业核心课程建议
出版学	数字出版概论
编辑实务	数字媒体技术与应用
传播学	传播学
中外编辑出版史	数字媒体编辑
出版物市场营销	数字版权管理
出版法规	数字出版营销

但需要指出的是，对于其他相关课程的设置，各高校出版专业负责人都有不同的看法，如很多课程的名称并不统一，教学的侧重点也不一样。在这样的形势下，出版专业的核心课程建设必须求同存异，加强统一意识，增强核心课程体系对专业建设的指导性。

4. 校内外实践基地及研究中心设置情况

问卷调查显示，有46%的被调查高校设立了校外出版实践基地或校内出版研究中心。在调查中，大部分开设出版专业高校的出版实践类学时超过总学时的15%，体现了出版专业教学的应用性和创新性。在教育部推动国家级校外人才培养基地的背景下，一些有实力的985和211院校与行业特色明显的传媒类学校都利用各自优势资源积极参与，如北京印刷学院和中国科技出版传媒集团联合组建了国家级校外人才实践基地。这些基地或研究中心为各校出版专业实践教育提供了

良好的空间和平台。

三、我国高校出版专业人才培养及就业情况

1. 本科生就业率普遍较高

调查数据显示，71.7%的院校出版专业的本科生就业率达90%以上，19%的院校就业率为70%—90%，9.3%的院校就业率为70%以下，总体来看，我国高校出版专业本科生就业情况良好。从调查问卷反应的情况来看，本科就业率达到90%以上的以师范类院校居多，如吉林师范大学、南京师范大学、上海师范大学、华东师范大学等；专业性院校次之，如北京印刷学院、浙江传媒学院等。可见，由传统师范类院校发展而来的综合性大学和传媒类大学的出版专业本科毕业生在就业方面较其他院校具有一定的优势（如图5）。

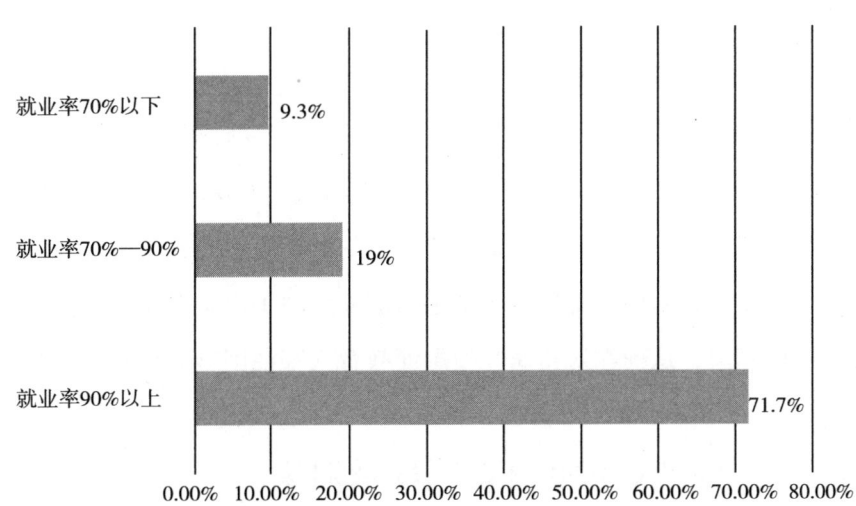

图5 各高校就业率情况及其占比

2. 就业存在的主要障碍

本次调查通过问卷形式针对我国出版专业学生就业困难的原因进行了调研，调查结果显示，73%的受访者认为目前出版专业本科生定位不合理，期望值过高；33%的受访者认为工资待遇不高、本科生自信心不足；26%的受访者认为本科生没有做好长期吃苦耐劳的心理准备；13%的受访者认为出版专业学生基础较差，参与实践活动以及参加学术交流活动较少也是影响其就业的原因之一。

这一点在对于"所在的出版专业主办的学术交流活动情况"和"所在的出版专业的师生参加国内外学术交流活动的情况"的调查中也得到了印证。调查数据显示，93%的受访者表示相关学术交流一般或很少，这在一定程度上也反映了学校教育与市场需求的脱节以及学生与业界接触不密切。

3. 整体考研率不高

调研数据显示，各高校出版专业本科生的考研率普遍为20%—50%，有些高校甚至低于20%，这低于其他专业的水平。很多编辑出版专业的学生选择报考新闻传播类研究生的时候大多会面临着专业不对口或专业要求相差巨大的问题。这也从侧面反映了出版专业在学科定位方面模糊不清，从而在对接研究生层面教育上存在困难的现状。

四、出版专业建设存在的问题及对策

本次调查结果显示，无论是专业规模、课程设置还是师资队伍，我国各高校出版专业建设与新闻传播学目录下其他专业相比还比较薄弱。我国出版业现有的理论还缺乏完整的体系，大部分高校的编辑出版专业和数字出版专业还缺乏指导和统一，出版专业的建设模式仍然处于探索之中。为此，调研组结合各项调研结果，针对如何开展出版专业建设提出如下建议：

1. 推进体制创新，进行跨界融合

根据《北京市"十二五"时期教育改革和发展规划》的要求，北京市教委在2013年大力推进专业群建设，中国传媒大学与北京印刷学院作为牵头高校进行新闻出版专业群建设，这种地方高校与中央高校联合和资源共享的方式，是一种体制创新，也是增强专业实力、优化资源配置的重要举措。该专业群计划在3年内打造10门精品视频资源共享课，北京市教委投入专项经费进行建设。这些举措能够在一定程度上促进专业建设，促进教学质量的提升。除了靠自身，出版专业建设发展还要在体制创新的基础上进行各校间，甚至是学校与行业、企业间的跨界融合，充分利用各方优势资源，开展专业建设。

2. 专业规模应保持增量，优化存量

目前全国高校的出版专业与新闻学等其他专业相比数量较少，而且大多没有形成特色。因此，在专业规模方面，还应鼓励更多院校申办出版专业，特别是目前数量较少的西南、西北等地区，增大出版人才培养的规模。

另一方面，在增加专业规模的同时，应注重不断加强现有各出版专业建设，优化存量。现有编辑出版专业主要以"二本"学校为主，整体水平不高，要提高出版专业的整体素质，必须要增加资源的优化配置，加强合作。同时，在专业建设方面还应面向市场，关注产业，要积极鼓励各高校建立校内实践创新基地或研究中心，扩大影响力，多成立研究中心、研究所等研究机构，加强产、学、研的结合。

3. 深化教学改革，形成核心课程体系

出版专业建设要适应出版产业发展，进行教学改革。各校应根据自己的特色，积极探索人才培养的新模式，不断创新教学方法和教学形式，不仅要培养学生具有宏观视角，以使学生能从传媒行业发展的角度看待问题，同时也要培养学生扎实掌握基本出版技能，从而解决学生现实的就业问题。

在课程设置方面，面对目前各学校学科体系不规范、随意性较强、核心课程设置凌乱等现状，建议尽快形成出版专业中编辑出版专业和数字出版专业核心课程规范，并针对这些核心课程的指导性培养方案和教学大纲，向教育部汇报备案。在确定核心课程之后，教学指导委员会还应组织进行核心课程教材的编写，并组织优势资源进行精品课程的建设。另外，出版专业教学指导委员会还可组织教学成果的评奖，鼓励教学创新实践并积极申报市级及以上教学成果（含教材）奖。

4. 打造一流师资，扩大双师型教师队伍

在师资队伍方面，首先应该优化出版专业教师队伍的职称结构、学缘结构和学历结构。现在各高校出版专业的教师中教授和副教授的比例偏多，年龄偏大，且多数教师学科属性单一。在下一步建设中，应提高年轻老师和具有行业背景的教师的比例，增强专业活力和竞争力。

5. 明确学科属性，规范专业建设

相对于其他基础学科比较成熟、学生培养模式相对规范的专业而言，出版专业的学科建设和研究生教育尚处于探索发展阶段，既需要不断创新学科建设和人才培养理念，又要在实践中依据学校办学特色，有针对性地积累学科优势，打造应用型人才培养品牌。在今后出版专业的建设中，需要进一步明确学科属性，并在学科建设引领下，开展出版专业建设，进一步规范专业建设思路和发展路径。

通过本次调研，我们可以看到，出版专业经过多年建设，取得了显著成效。出版专业教育规模不断扩大，为行业发展培养了一大批高层次专业人才；出版专业教学改革积极推进，为我国高等教育教学改革作出了积极贡献；出版专业结构、课程设置不断优化，师资力量、基础建设不断加强，为出版专业今后的改革发展奠定了良好基础。同时我们也应该看到，与行业发展对人才的实际需求相比，与高等教育新时期改革发展的总要求相比，我国出版专业高等教育还存在一些问题，主要表现为，出版专业人才培养的规模有待进一步扩大，特别是数字出版人才、复合型经营管理人才与外向型出版人才培养的力度需要进一步加大；人才培养质量有待进一步提高，学生的创新能力与实践能力需要进一步提升；教学研究与产业发展联系还有待进一步加强；出版专业教学改革有待进一步深化，出版学科地位有待进一步提升。

中国要实现由"文化大国"走向"文化强国"的伟大蓝图，促进社会主义文化的大繁荣大发展，出版教育的建设与发展将是一个不可或缺的环节，应不断深化我国出版学科的改革，确立核心课程，组建合理的师资力量，以有利于加强高校出版专业学科建设，为推进我国出版事业健康发展提供强有力的人才保障和智力支撑。相信在社会各界的大力支持下，出版专业建设一定会发展得越来越好。

参考文献

[1] 李建伟. 中国编辑出版学本科教育现状研究 [J]. 编辑之友, 2009 (01)：78-80.

[2] 黎海英. 高校编辑出版专业人才培养模式探究 [J]. 广西师范大学学报（哲学社会科学版），2011（03）：132-135.

[3] 张晓新、张彬. 中外高校编辑出版类专业课程设置的比较研究 [J]. 陕西师范大学学报（哲学社会科学版），2005（01）：113-118.

[4] 肖东发、李武. 基于"大出版"视角培养出版人才——北京大学编辑出版专业研究生教育的案例分析 [J]. 中国出版, 2009（09）：3-6.

2015年出版教育研究述评[*]

连星星　陈　丹[**]

摘　要：2015年学界对出版教育的研究依旧保持了较高的热度，产生了一定的研究成果。本文对2015年出版教育研究的150篇文章进行了整体梳理，详细分析了相关高校和出版企业对于出版教育研究方面的关注重点、内容及不足。本文认为学界、业界仍需进一步提升对出版教育的研究层次，改进研究方法，以期为高校及出版企业人才队伍壮大及出版产业发展提供理论支撑。

本文在中国知网（CNKI）以"出版教育""人才培养""课程设置""教育理念""师资队伍""学科体系"为主题词，将学科领域设定为"出版"，对2015年公开发表的学术论文进行检索，检索到相关文章179篇，剔除不相关文章，筛选出150篇期刊文章，其中核心期刊中

---

[*] 本文原载《北京印刷学院学报》2016年第5期。
[**] 作者简介：连星星，时为北京印刷学院传播学专业硕士研究生；陈丹，北京印刷学院新闻出版学院执行院长、教授。

的文章57篇。本文以这150篇文章为样本，以此分析2015年我国学界及业界对出版教育研究的情况。

一、2015年出版教育研究的总体情况分析

本文以在中国知网上检索到的150篇文章为样本，并借助中国知网的文献分析功能，对样本的关键词、发文机构及基金分布进行分析，从总体上分析了2015年我国出版教育的研究情况。

（一）高频关键词分析

在选取的150篇文章样本中，借助CNKI的文献分析功能，得出出现频次最高的10组关键词。其中"数字出版"出现的频次最高；"人才培养"次之；其他依次为"编辑""出版""高校学报""学术期刊""培养模式"等，如图1所示。由此可以看出，2015年学界、业界关于出版教育的研究聚焦于"数字出版人才培养"及"编辑出版人才培养"。

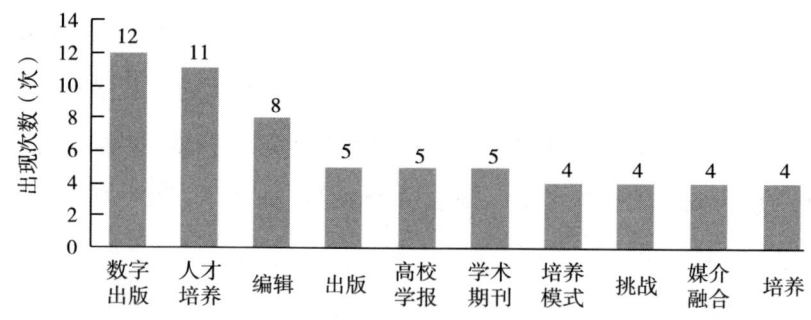

图1　高频关键词出现次数

（二）高发文机构分析

统计数据显示，2015 年出版教育研究的发文机构中，北京印刷学院的发文量最多，占总发文量的 4%。其次是人民卫生出版社，占总发文量的 3.33%。中国传媒大学、武汉大学、河南大学、上海理工大学，发文量都占到总发文量的 2.67%。由此可以看出，2015 年出版教育研究的高发文机构主要为高校。这些高发文机构在出版教育研究方面显示出较强的科研实力，研究机构主要位于北京、武汉、上海、河南、南京等地。

（三）基金分布分析

统计数据显示，2015 年出版教育研究中，非基金文献占有相当大比重，占总文献的 93.88%，基金文献只有 6.12% 的比重。在基金文献中，国家社会科学基金文献最多，有 9 篇，占基金文献的 75%，占总文献的 4.08%。其他基金文献分别为江苏省教育厅人文社文献、内蒙古教育厅基金文献和内蒙古自然科学基金文献，都只有 1 篇，分别占基金文献的 8.3%，占总文献的 0.68%。由此可以看出，政府及相关科研基金组织对出版教育研究的科研基金支持较少。

通过对出版教育相关文章来源进行统计分析发现，高校和出版企业是主要的发文机构。本文分别对高校和出版单位关于出版教育的研究进行分析及述评。

二、高校出版教育研究情况

高校对于出版教育的研究较为系统、详尽。对硕士、本科、高职三个不同的人才培养层次，都有相关的研究，但对本科层次的研究最多，高职次之，对研究生层次的研究最少。高校出版教育的研究内容大致可以归为以下几类：分析媒介融合和数字出版环境下，出版专业人才的人才特征（应具备的素质和能力）；探讨出版人才培养模式。其中探讨出版人才培养模式的文章最多，主要从课程设置、师资队伍、教学模式等三个方面来进行阐述。

（一）出版教育本科层次研究情况

1. 出版人才特征研究

随着数字出版业的迅猛发展，行业内外对编辑出版人才有了更高的要求。传统编辑出版教育培养的人才已经难以适应行业的用人需求。复合型、应用型、创新型人才的培养是出版业应对挑战、把握机遇的关键。黄先蓉、刘玲武在《媒介融合背景下出版人才培养的路径选择》一文中指出，媒介融合背景下出版传媒行业需要的复合型人才至少具备三个基本条件：具备跨学科的知识、跨媒体的技能和多元化的思维。[1] 张炯在《试论数字出版教育中出版人的能力培养——从大学生的阅读习惯谈起》一文中指出，数字出版教育必须适应时代要求，把握出版业的未来发展趋势，将传统出版专业知识与现代媒体技术相结合，培育既有担当意识、责任意识，又具备一定的文化知识储备量，同时也具备系统的编辑出版学理论素养与信息技术实践技能的高级复合型人才。[2]

2. 课程设置的研究

传统编辑出版教育的课程内容陈旧，课程设置不合理，跟不上行业发展需求，是传统编辑出版教育培养的人才难以适应行业用人需求的重要原因。因此，课程设置改革对于培养复合型、创新型、应用型人才具有重要意义。在2015年出版教育研究中，有一些学者专门针对课程设置提出了一些看法。陈丹、仲诚在《知识体系视角下高校出版专业核心课程体系的构建》一文中指出，要加强出版专业核心课程标准化建设，开展出版专业知识图谱研究。[3]黄娟在《高校编辑出版专业的培养目标和课程设置研究》一文中，通过调查部分新媒体企业及国内46所本科院校编辑出版专业的人才培养方案，提出编辑出版专业可将数字出版和出版业营销管理作为培养方向，在课程设置上加重电子阅读器、手机出版等数字出版课程的比重，并加强学生数字出版技能实训。[4]谢武纪在《项目化导向课程：化解结构性就业难的有效途径——以编辑出版专业课程改革为例》一文中提出，项目化导向课程的建议，将课程内容分解为若干个基于实际工作情境的任务单元，以学生自主建构为主，侧重学生能力发展目标，通过课程中师生的共同努力，达到专业课程和职业的直接对接。[5]

3. 师资队伍的研究

出版专业作为实践型、应用型的专业，师资队伍水平对人才的培养至关重要。郭墁雪在《"互联网+"时代下数字出版人才培养模式探析》一文中指出，优化教师队伍应从打破常规用人制度和进行教师培训两方面进行。高校要放宽门槛,打破常规用人机制,大力引进在数字出版、互联网、多媒体方面有丰富经验的工作人员。各数字出版基地应积极接收教师培训,通过举办数字出版师资研修班等方式,优化我国数字出版教师队伍。[6]于准在《融媒视域下编辑出版学高等教育的路径选择》中指出,高校应在人才引进方面拓宽渠道、完善体制,积极引进特需人才,摒弃学历、职称等限制,组建一支高水平、高素质、既懂理论又有实践经验的复合型教师队伍。[7]

4. 教学模式的研究

在"互联网+"时代,高校教学模式不再拘泥于传统的课堂教授模式。国际教育学院、海外留学互助、慕课、网络教学等手段被积极开发应用于出版人才教学模式中。张建凤在《数字出版教育的观念变革与模式创新》中提出,要鼓励在线学习和远程学习。同时还应彻底转变传统出版教育中重理论轻实践的教学模式,建设实训平台,加强学生实践能力培养。[8]宋国华在《应用型高校编辑出版学专业实训中心建设研究》一文中,提出了建设编辑出版学专业实训中心的建议,实训中心应建设成为服务于编辑出版及其相关专业,集教学培养、科学研究、学术交流、专业服务为一体的综合性实训中心。[9]张丽在《用实训方法培养文科学生的职业技能——以技术编辑流程模拟课教学设计为例》一文中,以编辑出版学专业开设的"技术编辑流程模拟"课的教学设计为例,阐述如何通过实训的手段,模拟现实工作环境,引导文科学生自己动手,借用培养工程人才的方法进行教学活动,以便调动学生学习的主动性和积极性,使之学以致用,提高学生的职业技能。[10]

2015年本科层次出版教育研究聚焦于数字出版环境下如何培养行业需求人才,尤其是复合型、应用型、创新型的数字出版人才培养问题成为关注点。同时,还呈现出一些新的特点:部分文章不再对人才培养的各个环节进行简单的阐述,而是针对某个特定环节,结合具体案例进行深入地解析。其中关注课程设置与教学模式改革的文章相对较多。此外,有些文章针对出版人才培养存在问题提出的相关对策似乎比较全面。但是仔细考量,发现一些对策的针对性、可操作性、实践意义等不够明显,还需要进一步细化、深入。

(二) 出版教育高职层次研究情况

高职层次出版教育研究主要聚焦于印刷技术人才、技能型人才以及数字出版人才的培养。张彦粉、龚修端在《高职印刷技术专业——订单式人才培养模式研究》一文中,以东莞职业技术学院印刷技术专业"当纳利定向班"为例研究了印刷技术专业"订单式"人才培养模式,介绍了其学徒制的教学模式,以及在传统考核方式的基础上加入企业考试,并在企业考核中设立专项基金的考核、激励方式。[11]谈大勇、殷三在《校企融合视阈下的高职技能型人才培养——以版面编辑与校对专业为例》一文中,介绍了安徽新闻出版职业技术学院与安徽出版集团等省内外出版企业联合创设版面编辑与校对专业"双元制"人才培养模式,在校企融合视阈下培养技能型人才。[12]唐乘花、袁超在《产学研合作教育视角下高职数字出版竞赛项目教学的探讨》一文中,提出在高职数字出版人才培养中将职业技能竞赛与项目化教学改革有机结合,使技能竞赛方式与实训项目灵活对接,建立基于技能竞赛标准的项目教学评价体系。[13]

2015年出版教育高职层次的研究聚焦于结合实际案例探讨出版人才的人才培养模式。与本科、研究生层次出版教育研究相比较,高职的相关研究中,案例研究相对较多,并且在教学实践过程中,与行业交流也更为紧密。"校企合作""订单式"等人才培养模式的应用实践也相对广泛,但在与企业合作的深度上不及本科和研究生层次,这也是由其自身的人才培养水平所决定的。因此,高职院校应继续探索新型的人才培养模式,提高人才的专业技术水平,着重培养高技能型人才。

(三) 出版教育研究生层次研究情况

研究生层次出版教育研究主要分析出版专业学位研究生人才培养工作中出现的问题,并提出相应的对策。李贞在《论我国出版专业学位研究生人才培养模式创新》一文中,指出现阶段我国出版专业学位研究生人才培养工作存在的三个亟待解决的问题:一是人才目标不明确,二是开放式培养模式不健全,三是创新机制欠完善。[14]余上在《出版硕士教育实践与探索——以华中科技大学出版硕士教育为例》一文中以华中科技大学出版硕士教育为例,具体介绍了其培养计划、专业课程、实践教学、充实双导师队伍、加强与出版界联系等教育工作。[15]2015年出版教育研究中出现了一些针对出版专业研究生教育的研究,但研究的理论探讨和案例分析相对不足,研究数量相对较少。

综上所述,2015年高校出版教育研究的层次较为全面,涉及研究生、本科以及高职层次。研究内容上以探讨出版人才的培养模式为主。本科层次的研究侧重从课程设置、师资队伍、教学模式等多方面综合探讨出版人才培养,可操作性和实践性欠缺;研究生和高职层次的文章则更侧重结合案例分析,并提出相应对策,针对性和实践性较强,但文章数量较少。

三、企业出版教育研究情况

企业关于出版教育的研究主要聚焦于新的媒体环境下编辑从业人员应具备的素质能力，以及从人才培养、考核、机理等几个方面探讨出版人才队伍建设。

（一）编辑从业人员素质能力研究

随着信息化、网络化以及数字出版业的迅速发展，出版业对于编辑人才的要求也越来越高，市场需求推动着编辑人才向多元化发展。姜文荣在《大传媒环境下期刊编辑人才培养探讨》一文中提出，在大传媒环境中，出版业需要复合型编辑、应用型编辑、创新型编辑，编辑人才应具备信息技能、服务能力、沟通协调能力、创新能力。[16]周天明在《复合型出版编辑人才的培养》中指出，复合型编辑的基本素质应具备更高的政治素质、更真诚的服务精神、更强的文学素养，并掌握一定的心理学技巧。[17]马磊在《新型图书编辑应具备的职业素养》一文中指出，新型编辑的职业素养包括把握正确出版导向的观念和能力、商业经营的理念和能力、多媒体融合的思维和能力、持续学习的意识和能力。[18]

（二）出版人才队伍建设研究

1. 人才培养机制研究

在人才培养机制的研究中，人民卫生出版社的人才培养最具特色，紧跟行业发展趋势。孙伟在《创新人才培养模式架构企业管理新框架——以人民卫生出版社为例》一文中指出，通过分层、分类、分级精细化设置培训内容，细化到岗精确到人，全面实施岗位技能培训工程，拓宽专业技术人才评选通道，量身制定培训计划，建立个性的人才培养模式。在人才培养策略中，做好骨干人才培训；全体员工参加"每日一讲"学习平台，业界专家或内部骨干授课讲学；建立"师带徒"传帮带学习机制，师带徒活动考核结果纳入部门年终绩效考核；开通"人卫培训"微信订阅号，方便员工利用零散时间微学习；以部门为单位开展灵活多样的业务学习；组织员工出国学习。[19]

2. 人才考核机制研究

科学合理的出版人才考核评价，有利于促进出版人才之间的良性竞争，从而实现对出版人才更好地培养。郭向晖、宋秀全、李文喆在《MOOCs业态下打造编辑新能力——人民卫生出版社新兴出版编辑人才培养初探》一文中提出，人卫社创新考核机制：一是创新绩效考核机制，不再将码洋作为考核金指标，而是加入创新程度、产品用户数增长情况、用户黏度等多种"互联网基因"指标，甚至将编辑学习和个人素质提升效果与自身考核相结合；二是创新培训考核体系，从培训需求度、培训效果和培训人员工作质量三个方面设置评价指标，重点考查受训者对培训的反馈、受训后知识的变化、工作能力的提升三个方面内容。[20]

3. 人才激励机制研究

健全完善的人才激励机制能够激发人才活力，提升工作技能，有利于出版业的长期稳定发展。郑持军在《后改制时代大学出版社人才队伍建设探索——以西南师范大学出版社为例》一文中，介绍了西南师范大学出版社在薪酬制度上的改革，一方面将员工的业绩直接与单位发展的效益结合起来，另一方面打破身份上的隔阂，收入分配向重要岗位、优秀人才、艰苦岗位倾斜，做到"同工同酬，优劳优得，效益优先，高薪用人，高薪留人"。[21]周衍震、吴国邦在《基于能力导向的出版业人才激励机制构建》一文提出，基于能力导向来构建出版业人才激励机制，以物质激励和精神激励相结合，短期激励和长期激励相结合为原则，从物质激励、非物质激励和个人成长发展方面来构建出版业人才激励机制[22]。

2015年出版教育研究中，以企业为主体探讨出版人才队伍建设的文章显著增加，并且多数文章结合自身出版人才队伍建设现状，从人才培养机制、人才激励机制、人才考核评价机制等方面进行案例研究，其针对性、可操作性以及实践性较强。而以高校为主体的出版教育研究中，综合的文献分析较多，案例研究较少，多数文章未能结合高校具体的人才培养现状，有针对性地进行分析。提出的相关建议，针对性、可操作性和实践性欠缺。出版企业在出版教育研究方面的发文量与高校相比还有较大差距。相关的出版企业应继续加强对出版教育方面的研究，为我国出版业的繁荣发展，以及出版人才队伍建设提供支撑作用。

总体看来，2015年学界和业界依旧十分关注出版教育研究，都较为全面地探讨了出版人才培养和出版人才队伍建设的相关问题，贡献了不少研究成果。与高校相比，以企业为主体的出版教育研究文章数量相对较少，但多数以案例研究为主，具有较强的实践意义和指导意义。高校出版教育研究问题的广度和深度有了进一步的提升，研究涵盖研究生、本科、高职等不同层次，但研究方法略显单一，文章多以文献分析为主，案例研究相对不足。

在今后的出版教育研究中，学界和业界仍需进一步提升出版教育研究的层次，改进出版教育的研究方法，高校和出版企业要结合自身人才培养和人才建设现状提出切合实际的改革建议，使出版教育步入新的台阶，进而有效指导和推动出版业人才队伍壮大以及出版产业的发展。

参考文献

［1］黄先蓉、刘玲武．媒介融合背景下出版人才培养的路径选择［J］．出版广角，2015（13）：13－15．

［2］张炯．试论数字出版教育中出版人的能力培养——从大学生的阅读习惯谈起［J］．出版广角，2015（1）：28－30．

［3］陈丹、仲诚．知识体系视角下高校出版专业核心课程体系的构建［J］．现代出版，2015（2）：13－16．

［4］黄娟．高校编辑出版专业的培养目标和课程设置研究［J］．新闻研究导刊，2015（23）：11－12．

［5］谢武纪．项目化导向课程：化解结构性就业难的有效途径——以编辑出版专业课程改革为例［J］．长江师范学院学报，2015（3）：118－122．

［6］郭墨雪．"互联网＋"时代下数字出版人才培养模式探析［J］．人力资源管理，2015（6）：26－27．

［7］于准．融媒视域下编辑出版学教育的问题探究［J］．新闻世界，2015（2）：180－181．

［8］张建凤．数字出版教育的观念变革与模式创新［J］．出版广角，2015（5）：24－27．

［9］宋国华．应用型高校编辑出版学专业实训中心建设研究［J］．吉林工程技术师范学院学报，2015（4）：70－71．

［10］张丽．用实训方法培养文科学生的职业技能——以技术编辑流程模拟课

教学设计为例［J］．教育教学论坛，2015（38）：29-30．

［11］张彦粉、龚修端．高职印刷技术专业"订单式"人才培养模式研究［J］．高教学刊，2015（8）：69-70．

［12］谈大勇、殷三．校企融合视阈下的高职技能型人才培养——以版面编辑与校对专业为例［J］．广东轻工职业技术学院学报，2015（1）：54-58．

［13］唐乘花、袁超．"产学研合作"教育视角下高职数字出版竞赛项目教学的探讨［J］．创新与创业教育，2015（5）：128-130．

［14］李贞．论我国出版专业学位研究生人才培养模式创新［J］．科技与出版，2015（6）：130-133．

［15］余上．出版硕士教育实践与探索——以华中科技大学出版硕士教育为例［J］．河南教育（高教），2015（12）：20-22．

［16］姜文荣．大传媒环境下期刊编辑人才培养探讨［J］．企业改革与管理，2015（11）：61-62．

［17］周天明．复合型出版编辑人才的培养［J］．西部广播电视，2015（10）：175-176．

［18］马磊．新型图书编辑应具备的职业素养［J］．出版参考，2015（15）：54-55．

［19］孙伟．创新人才培养模式架构企业管理新框架——以人民卫生出版社为例［J］．中国出版，2015（3）：56-59．

［20］郭向晖、宋秀全、李文喆．MOOCs业态下打造编辑新能力——人民卫生出版社新兴出版编辑人才培养初探［J］．中国编辑，2015（5）：103-105．

［21］郑持军．后改制时代大学出版社人才队伍建设探索——以西南师范大学出版社为例［J］．出版发行研究，2015（4）：38-40．

［22］周衍震、吴国邦．基于能力导向的出版业人才激励机制构建［J］．出版广角，2015（10）：54-55．

培养数字出版专业学生实践能力和创新精神的有效途径
——北京印刷学院数字出版专业岗位综合实习效果分析*

王京山 刘 明**

摘 要：高校数字出版专业要面向实践、培养高素质专业人才，必须高度重视学生实践能力和创新精神的培养。北京印刷学院数字出版专业岗位综合实习立足于首都数字出版产业和学校实际，为培养学生实践能力和创新精神开拓出了新的有效途径。

北京印刷学院是一所行业特色鲜明的高校，肩负着为我国印刷、包

---

* 本论文为北京印刷学院教学改革项目"基于大学生实践能力和创新精神培养的岗位综合实习改革与实践"成果之一。本文原载《人才之路：首届韬奋出版人才高端论坛论文选》（中国书籍出版社 2013 年 4 月出版）。

** 作者简介：王京山，北京印刷学院新闻出版学院教授；刘明，时为北京印刷学院传播学专业硕士研究生。

装、出版等媒体与传播业培养应用型高级专门人才的重任。经过建校几十年来的发展，北京印刷学院已经形成了注重工科与文科结合、突出艺术与科技结合、强化理论与实践结合的办学特色，在新闻出版行业内产生了重要影响。

北京印刷学院于2008年申报成功传播学（数字出版）专业，成为教育部批准的首批数字出版本科专业。2012年传播学（数字出版）专业首批毕业生走上工作岗位，成为我国数字出版领域的一支生力军。在培养具有实践能力和创新精神的数字出版专业人才方面，在为期1年的岗位综合实习具有重要的地位，功不可没。

一、数字出版专业岗位综合实习的必要性、可行性分析

1. 数字出版专业要面向实践培养应用型高素质专门人才

随着高等教育向大众化、普及化转变，一般本科院校主要培养应用型人才。但目前的培养方式还存在一些与社会要求不符的问题，造成了较为严重的学生就业难的状况。就培养方式而言，一方面毕业设计与学生未来工作脱节，学生的毕业设计能够满足目前的毕业设计大纲要求，但行业要求的实践能力无法加强；另一方面，连续三年的专业课程学习过于重视强调知识体系的完整性，而忽视了实际工作的多样性。此外，大众化高等教育阶段还存在部分学生学习主动性不足问题。以上三个方面只是表面现象，关键问题是要把学生培养与社会需求相结合。

以数字出版专业学生为例，数字出版专业的实用性和实践性，决定了我们必须面向行业，服务行业，加强与行业的交流，通过改进培养模

式提供符合社会需要的高素质应用型人才。如何适应市场需求、为市场经济服务，如何处理好数字出版专业教育与社会主义市场经济的关系，是摆在数字出版专业教育面前的一项重要任务。要完成这一任务，就必须打破传统的单纯校内进行的人才培养模式，充分利用首都极为丰富的数字出版企业资源，实现人才培养思想和观念的转变。

因此，我们很快确立了数字出版专业岗位综合实习的基本思路：在搞好校内数字出版专业教育的基础上，充分利用首都的数字出版企业资源，使学生在企业中实现学以致用，举一反三，不但要增强学生的实践意识和现实工作能力，还要开阔学生视野，提高把握行业全局、适应未来职业竞争的能力，为学生的工作、学习及未来发展奠定坚实的基础。

我们力求通过岗位综合实习，达到以下目标：在校内数字出版专业理论、基础技能学习的基础上，通过在行业、企业的专业实习、实训，使得学生能够理论结合实际，培养学生数字出版的生产适应能力、分析、解决实际问题的能力和创新能力，并与综合素质的培养相结合，为学生进一步的发展奠定基础。

2. 北京数字出版产业提供了数字出版专业岗位综合实习的有利条件

近年来，我国数字出版继续高歌猛进，产业收入逐年大幅度递增。2006年为213亿元，2010年为1051.79亿元，2011年已达1400亿元，短短几年内产值突飞猛进，实现了跨越式发展，数字出版的影响力达到前所未有的高度。

北京作为全国的文化中心，在发展数字出版产业方面可谓得天独厚。北京的数字出版占全国20%以上，并拥有全国最大的产业规模、最多的出版机构、最丰富的出版资源、最顶尖的出版人才、最活跃的出版市场，数字出版产业已经成为首都经济新的经济增长点。

经过10余年的发展，目前北京地区的数字出版产业已经覆盖传统出版的所有领域。各种数字出版业态如手机出版、数字期刊、数字报纸、网络音像、网络游戏等均表现出强劲的增长势头。

按北京市新闻出版局的最近统计数字显示，目前北京拥有数字出版企业近300家，在国内所占比例约为1/3。2010年，北京市数字出版产业总值已达195亿元，2011年这一数字创历史新高，可突破225亿元。[1]

北京市知名的电子图书运营公司包括中文在线、北大方正、书生公司、超星公司等，单是这几家企业，就占据了全国电子书市场90%的份额。

北京市还将继续采取有力措施支持数字产业的发展，包括完善现有的数字出版产业政策；加快建设一批重点项目、重点工程，建设好国家出版创意产业园；打造数字出版精品，组织实施出版原创网络文化精品工程，推出一批当代北京原创精品等，为数字出版业发展营造良好的氛围。

北京数字出版产业的先天优势为我们推进数字出版专业岗位综合实习提供了广阔的空间和多样化的平台。

3. 面向行业面向实践的传统为数字出版专业岗位综合实习提供了良好的氛围

北京印刷学院作为我国新闻出版领域的高等学校，一直以服务于我国新闻出版行业发展为己任，在新闻出版业界拥有良好的口碑。作为国家新闻出版总署与北京市政府共建的高等学校，北京印刷学院具有面向行业面向实践的优良传统。

北京印刷学院新闻出版学院作为学校的骨干二级学院，目前拥有编辑出版、传播学（数字出版）、广告学、英语语言文学（跨文化传播与版权贸易）四个本科专业。其中，编辑出版专业是国家级特色建设专业；传播学（数字出版）专业是教育部批准的首批以数字出版招生的本科专业。各专业都以服务新闻出版行业作为专业发展的主导思想。

2011年，新闻出版学院结合我国新闻出版行业改革发展的实际，紧紧围绕培养适应新闻出版行业需要的应用型高级专门人才这一中心任务，多管齐下，从各个方面提升人才质量，服务社会需求，在专业教育、社会实践、合作交流各个方面奋力开拓，为提升人才培养质量打下了坚实的基础。

2011年，新闻出版学院面向行业面向实践需求，主要在以下几个方面开展人才培养模式改革：

（1）抓好培养方案修订，完善教育教学方案。在坚持和完善各专业核心课程的前提下，结合新闻出版业的发展实际，在专业基础课和专业选修课层面上，开始一些能够适应学生个性化需求的应用型课程，如"畅销书与大众文化""公共关系学""网络传播学""数字媒体技术""数字媒介发展研究"等，使学生能够具备宽广的学科基础和扎实的专业技能。

（2）加强实践性教学环节和教学实习，以培养学生的实际工作能力。为适应新闻出版行业的发展要求，培养厚基础、博学识、强能力、高素质的文科复合型人才，我院十分重视实践性教学环节。经过努力，新闻出版学院已建立了多个校外实践教学基地，传播学（数字出版）专业2008级率先按照"3+1"人才培养模式开展了期一年的岗位综合实习，就是通过岗位综合实习使学生加强基本理论与基本技能运用的探索。

（3）加强校内外合作交流，既"走出去"，又"请进来"。新闻出版学院在推动与行业接轨，推进学生实习实践的同时，还通过多种形式推进校内外合作交流。新闻出版学院先后举办了人文知识竞赛、全国网络编辑技能竞赛等赛事，通过这些赛事与国内兄弟院校加强了沟通协作。同时，新闻出版学院充分发挥行业优势，积极邀请行业精英到校作讲座、授课。这些校内外合作交流不但扩展了师生眼界，增强了学校与行业的交流互动，也为人才培养提供了更高的平台。

二、北京印刷学院数字出版专业岗位综合实习的做法与成果分析

为了适应新闻出版行业改革发展的新要求，北京印刷学院传播学（数字出版）专业自2008级开始按照"3＋1"人才培养模式开展为期一年的岗位综合实习。根据应用型人才的培养目标要求，通过产学合作、工学结合教育培养学生的工作能力、综合能力和就业能力，利用学校和企业两种不同的教育环境，将理论和实践训练有机结合起来。

传播学（数字出版）专业的岗位综合实习通过贯彻产学合作、工学结合、双向参与的原则，实施工学结合、定岗实践的办法，达到提高学生的工作意识、全面提高学生工作能力和综合素质的目的，适应现代化企业对数字出版人才的需要。这种模式下高等教育的教育场所由原来的高校一家独办向高校和单位联合培养转变。其优势在于：

（1）岗位综合实习时间较长，使得学生可以较稳定地在同一单位工作，用人单位便于安排学生顶岗工作，受到用人单位的欢迎。对学生而言，学生有可能从事一些需要较长时间完成的连续性工作，对学生本身也是一种锻炼，真正做到理论与社会实践相结合。

（2）缩短了学生与企业的距离，学生容易把握自己的优势和了解自身的劣势所在。学生能较全面地了解所在企业，这本身就为学生提供了一种择业的机会；另一方面也为企业选拔优秀人才提供了途径。

传播学（数字出版专业）岗位综合实习已经形成了较为系统的管理机制，其主要做法有：

（1）工学结合：学生、企业、学校三方以职业为导向，充分利用学校内、外不同的教育环境和资源，把以课堂教学为主的学校教育和直接获取实际经验的校外工作有机结合，使课堂理论学习与社会上的定岗工作相结合。

（2）周密计划：北京印刷学院数字出版专业按照"3+1"人才培养模式制定了较为完整的实施方案。实施过程中，学校、学生、企业三方合作，学生完成由学校和企业共同设计的实践任务并取得相应学分，毕业设计的内容也可取自于企业的生产实际。

（3）定岗工作：根据双向选择的原则确定工作单位和具体岗位，学生作为该企业的准员工管理。企业向学生提供实质性的工作岗位，学生结合生产实际完成相应的工作实践任务及毕业实习。

（4）双导师制：为了保证学生在实习期间能切实有人指导完成规定的实习任务，采用双导师制度：企业技术人员为"实习指导老师"，同时安排学校专业教师为"校内实习指导老师"，保证学生顺利完成岗位综合实习任务。

（5）全过程监督：在组织学生参加工作学期期间，校内实习指导老师和企业实习指导老师对学生的工作情况进行过程督导。企业导师对学生工作学期的全程进行管理，对学生在工作中的表现进行评价，确保岗位综合实习的质量。

（6）综合评价考核：学生完成了岗位综合实习后，以书面形式按计划要求总结岗位综合实习的收获和体会,并上交实习报告。在考核基础上,给出学生岗位综合实习的总成绩。

通过岗位综合实习,传播学(数字出版)专业学生表现良好,获得了实践锻炼,取得了不少实习成果,学生的整体风貌焕然一新。事实证明,传播学(数字出版)专业的岗位综合实习整体取得了良好的效果。同时,新闻出版学院数字出版系已经初步建立了专业学习、岗位综合实习、毕业设计、毕业实习实训及就业一体化的机制,通过指导学生的岗位综合实习,各位校内指导老师也逐渐了解了数字出版现状,为进一步完善岗位综合实习方案,推动岗位综合实习向纵深发展奠定了基础。

通过数字出版专业岗位综合实习,我们深刻认识到,应用型人才必须是对接现实、以需求为导向的。本科层次应用型人才,一方面应当有更为综合的知识结构、更强的自主学习能力和岗位适应性,从而不仅具有胜任某种职业岗位的技能,而且具有创新和技术开发能力,具有更高的适应多种岗位的综合素质。另一方面,还要有更强的实践能力,能较快地适应岗位的需求,解决工作实际问题。岗位综合实习是一种全新的人才培养模式,也是一种全新的教育理念,相信通过对普通本科人才培养模式的创新尝试,改革普通本科学科教育课程体系,将为培养应用型高素质高人才提供一条新的途径。

参考文献

[1] 2011 北京数字出版产值将突破 225 亿元 [N/OL]. 北京日报, http://www.keyin.cn/plus/view.php?aid=653489, 2011-10-17.

知识体系视角下高校出版专业核心课程体系的构建[*]

陈 丹 仲 诚[**]

摘 要：出版专业核心课程体系是在整个出版专业学科建设中发挥骨架支撑作用，凸显专业特色与行业需求，并具有一定内在联系的知识体系。因此，构建高校出版专业核心课程体系，首先要确立出版专业核心知识体系，以便对出版教育实践进行理论指导，进一步促进我国出版专业教育群体在专业核心课程设置上达成共识。

一、国内外高校出版专业课程体系现状分析

20 世纪 80 年代中期开始，随着我国出版业的飞速发展，对出版

---

[*] 本文系国家社会科学基金项目"全球化趋势下我国数字出版产业发展战略研究"（编号：14BXW016）的研究成果。本文原载《现代出版》2015 年第 2 期。

[**] 作者简介：陈丹，北京印刷学院新闻出版学院执行院长、教授，时任全国高校出版专业教指委副秘书长；仲诚，时为北京印刷学院出版专业硕士研究生。

专业人才的急需直接推动了我国出版专业高等教育的发展。在此之后，由于20世纪90年代末高等教育制度改革，高校大幅度扩招使得我国开设出版专业的高校数量持续增长，达到目前的80余所。近年来，数字出版的革命性变化给出版专业教育带来了教学改革要求，出版专业学科建设不断深入、高校办学层次不断提高，国内各高校在出版专业课程设置方面趋向于各具特色。另一方面，各校出版专业的课程建设也逐步走向成熟，在专业核心课设置上已初步达成共识。为了进一步了解国内各高校出版专业核心课的设置情况，并为《出版本科专业教学质量国家标准》的制订奠定基础，2014年，全国高等学校出版专业教学指导委员会（下称"教指委"）就专业核心课设置等问题对国内开设出版专业的高校进行了专题研讨和系列问卷调查，调查结果如图1所示。

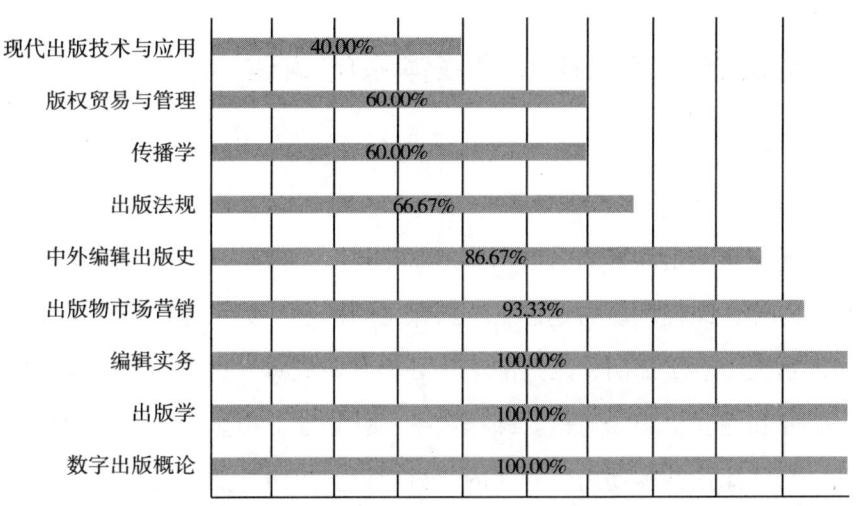

图1　出版专业核心课程调查结果统计表

调查结果显示,各高校对专业核心课设置的认识高度趋同。其中,出版专业等八门专业课得到六成以上高校的认可,从而初步形成了一个我国出版专业核心课程的基本标准。

同时,各高校的出版专业课程设置也已形成自己的体系与风格。如武汉大学以出版发行教育为重心,从出版物的市场、经管等方面入手,注重发行人才培养,开设了出版发行学基础、书业财务管理等课程;北京印刷学院倚重行业需求和学科发展,更加强调适用于出版业的实用技能的培养,开设了诸如出版应用写作、校对实务、计算机排版系统等课程;河南大学最早从编辑理论研究发展起来,结合文学专业的特点,建立了理论、历史、媒体编辑应用等一系列揭示编辑活动本质和规律的课程体系,着力提升学生人文素养,开设了诸如大众传播学、中国编辑出版史、电脑编辑等课程。

二、高校出版专业核心课程体系的构建

1. 出版专业核心知识体系

课程体系不是课程的简单相加,而是指列入教学计划的各门课程按其教学内容、课程性质与地位、各门课之间的相互关系等要素组织起来的知识系统。事实证明,发达的学科必然有着成熟、稳固的核心课程体系。研究和建立出版专业核心课程体系,就是建立出版专业学科的重要基础,它将深化并推动出版专业的学科建设。出版专业核心课程体系是指可以在整个出版专业学科建设中发挥骨架支撑作用,凸显专业特色与行业需求,并具有一定内在联系的知识体系。因此,构建高校出版专业核心课程体系,首先就要对出版专业教育中所涉及的专业核心知识体系

进行必要的归纳。

明确出版专业的核心知识体系，首先，从知识论的角度来看，有利于出版专业教育在专业知识体系层面达成共识；其次，能够使我国开设出版专业的高校在对开设出版专业核心课程达成统一共识的前提下，根据自己的优势特色，开设特色出版专业课，从而形成各自的培养特色与竞争力；最后，出版专业核心知识体系的归纳，从认识论的角度来看，对出版教育实践具有理论指导作用，是架构出版专业课程体系的理论基础。通过具体专业知识要求，来明确核心课程的设置方案，能够有效帮助出版专业核心课程实施建设。

作者认为，出版专业确立核心知识体系应具备以下特征：应反映出版专业的学科基本属性，确立学科形象；应有相当的概括性，涵盖学科的主要研究领域，确立学科范围；应当揭示专业的各个分支学科及其关系、层次和结构，确立学科体系；应有利于学科实践与研究，确立学科价值。因此，出版专业核心知识体系的架构，应建立在对出版工作全部要素、全部过程进行全方位整体研究的基础之上。出版专业核心知识大致可分为以下四个部分：一是专业理论知识。探讨出版专业的基本原理和出版活动的一般规律，确立科学的专业原理论与历史发展观。二是专业业务知识。研究在编辑、印刷、发行、管理等各个实践环节中具体的业务流程。三是专业要素知识。研究出版活动的各个构成要素。四是专业行为知识。研究出版者在出版活动各环节中特有的专业行为。

出版专业作为一种应用型高等专业教育类型，其培养目标是培养具有一定知识、能力和综合素质，符合出版产业链各环节主体岗位的基本需求，同时具有可持续发展潜力的高级应用型出版专业人才。由此不难看出，出版专业是一门鲜明的应用型专业，其对人才知识的需求，不仅要有能表现行业专业属性方面的知识，也要有能够凸显行业实用性方面的知识。因此，我们可将出版专业核心知识大致分为专业基础核心知识与应用核心知识两大类。

2. 出版专业核心课程

课程来源于知识，其目的在于向学习者传递知识。出版专业基础核心知识与应用核心知识的确立，明确了专业教学的主要方向，也因此能够具体化形成与两者分别对应的出版专业基础核心课程与应用核心课程。由于出版专业核心知识类别是分别代指两大类的核心知识集合，所以其所对应的核心课程也并非个体。此时，可以引入"课程模块"这一概念代指课程集合，对应两大类出版专业核心知识，即形成了出版专业"基础核心课程模块"与"应用核心课程模块"。

出版专业核心课程模块中具体课程的设置，笔者认为可遵循以下几点原则：第一，专业性原则。所谓"求木之长者，必固其根本，欲流之远者，必浚其泉源"，任何专业的核心课程都应突出本学科的专业知识特色。因此，出版专业核心课程必须以"出版"为中心，在运用、借鉴、融合新闻传播学科其他理论、数据、模式、体系的同时，应注重明确出版专业学科的主体位置，避免由于核心课程内容的混杂，使得专业核心课程体系偏离出版专业的学科本质。第二，时代性原则。在我国文化经济水平日益提高，出版产业迅猛发展的大背景下，数字化、国际化以及传统出版媒体与新媒体日益融合等出版新业态的转变，督促着我们必须以开阔的视野、开放的胸襟，尽快适应发展，积极应对网络化与数字化的挑战，开设专业核心课程要吸纳出版领域内的新知识、新发展。第三，连续性原则。在制订核心课程时，一定要参考和借鉴出版专业以往的核心课程设置情况，通过分析，取其合理的部分，修订和完善其欠缺的部分，使核心课程保持相对的稳定性。第四，关联性原则。出版专业教育作为具有一定历史的学科专业教育，其建设与发展自然也并非独立封闭的，而是关联开放的。无论国内国外，出版专业学科建设始终是不断发展的，且相比国内，国外出版专业教育历史更早，其课程体系更加健全，课程设置能充分结合其他学科以及产业发展趋势，使得学生知识体系更为多元，也更能适应社会的需求。因此，在设置专业核心课程时，应该充分参考与借鉴开设出版专业的国内外各主要高校的专业核心课程体系，以达到知己知彼、各取所长的目的。

出版专业基础核心课程模块主要是培养学生基本的出版专业素养，为进一步学习后续课程打下坚实基础。在出版专业教指委推出的8门核心课程中，出版学、传播学、中外编辑出版史、数字出版概论4门核心课程符合这一核心课程模块的要求。其中，"出版学"作为研究出版活动内在规律的重要学科理论，最能够全面展现出版专业的整体学科脉络。由于"传播学"具有与出版专业学科深刻的学术同一性和交叉性，理应成为出版传播本质和概念的重要理论基础课程。"中外编辑出版史"作为出版专业历史沿革全面梳理的课程，是对理解专业本质内涵的有效推动。此3门核心课程充分展现了出版行业的本质与规律，高度符合出版专业核心课程设置的专业性原则。此外，"数字出版概论"作为对当前出版行业发展方向的必要解读，也较好地体现了出版专业核心课程设置的时代性原则。同时，我们可以发现以上4门核心课程在知识层面上也都较为准确地反映了出版专业的专业理论知识。

应用核心课程模块主要是培养学生掌握应用核心知识与培养应

用核心能力，该模块对提高学生的专业核心竞争能力起决定作用。在8门核心课程中，编辑实务、出版物市场营销、版权贸易与管理、出版法规等4门课符合这一核心课程模块的要求。其中，出版专业业务知识要求出版人才熟识专业流程的各项业务技能，"编辑实务"这门课程能够最全面客观反映出版专业业务知识需求。对出版法律法规的掌握与了解，是出版业务顺利进行的有力保障与重要因素，也是出版专业核心知识中业务知识的重要组成部分，"出版法规"的设置较好地满足了上述需求。出版人才要对出版活动内要素知识有深入的了解，核心课程中"出版物市场营销"的确立，则有力凸显出了对出版物这一出版要素的重视。此外，"版权贸易与管理"充分展现出了出版者在出版活动中围绕版权所进行的特有专业行为的知识需求。

反观本文前面所提及的教指委在2014年对出版专业核心课程的调查统计结果，可以发现这8门核心课程不仅在知识层面较为完整地体现了出版专业核心知识对教育教学的要求，也较好地符合出版专业核心课程设立的原则，这也在一定程度上印证了本次调查结果的科学合理性。

3. 出版专业核心课程体系的构建

通过对出版专业核心知识与模块的归纳梳理，结合对出版教指委提出的出版专业核心课程的分析，我们发现从知识体系到课程体系，是一个自下而上、从分散到集中、从抽象到具体的过程，各要素在这个过程中分别发挥着基础、关联、呈现的作用，也因而构建起高校出版专业核心课程体系（如图2）。

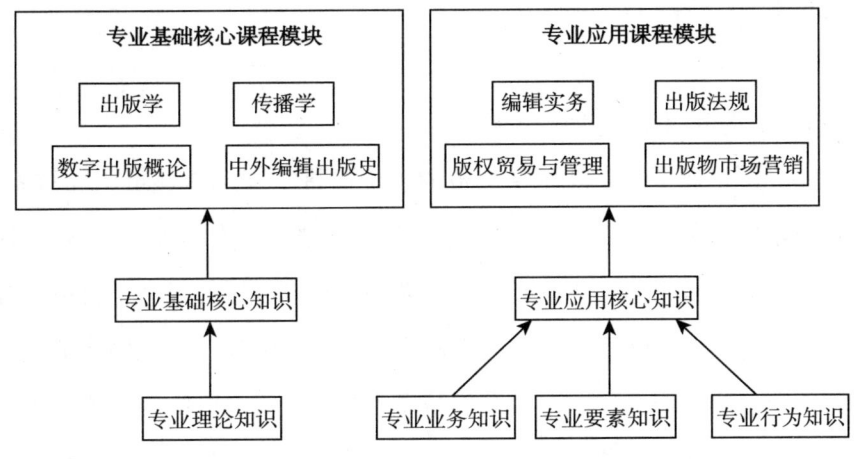

图 2　出版专业核心课程体系框架

三、出版专业核心课程体系建设思路与展望

1. 加强出版专业核心课程标准化建设

2013 年，教指委在全国高校出版专业建设现状的调查中发现，各高校的很多专业核心课、精品核心课程的名称并不统一，教学的侧重点也不一样。在这种情况下，各高校在出版专业的核心课程建设方面必须求同存异，加强统一意识。本文提出建设高校出版专业核心课程及相关课程体系，一方面是教指委各委员单位的共识，另一方面，也将为《出版本科专业教学质量国家标准》的拟定提供重要的指导与参考。下一步，结合教育部对出版专业标准的审定，教指委就可以开展对高校出版专业核心课程的规范工作，以及相关教材的编写工作，从而打破我国高校出版专业核心课教材使用杂乱的现状，促进出版专业

教育的有序发展。

2. 开展出版专业知识图谱研究

知识图谱属于科学计量学的范畴，是以科学知识为计量研究对象，显示科学知识的发展进程与结构关系的一种图形。知识图谱具有可视化、直观化、通俗易懂等优点，其对某一学科或领域的研究进行深入分析时作用明显。传统出版专业教育的重点多放在传授本专业固化的书面知识上，忽视了对本学科及相关领域研究热点、研究前沿、重要文献等的关注，因此常常导致出版专业知识理论脱离实际、被动知识灌输、忽视科研探索、缺乏创新等负面现象。在媒介融合的大背景下，出版专业建设发展不能只局限于自身学科之内，而要越来越多地与众多其他学科相融合，从而形成出版专业的新亮点、新方向。出版专业所涉及的知识领域日益多元，对出版人才也提出了具备多样知识体系的新要求。因此，在出版专业教育中，急需利用知识图谱相关优势特点，通过对知识领域映射地图的变化，以高校出版专业教育建设为目标，深入挖掘、分析、构建、绘制和显示出版专业知识体系和与其他知识体系的相互联系，从而使高校出版专业教育可以有效利用相关知识图谱及其相关联的知识体系，及时调整出版专业核心课程，完善学科建设，积极主动地适应出版产业对出版专业人才需求的新变动。

3. 提高出版专业核心课程体系的开放性

出版专业核心知识作为出版专业核心课程体系的重要基础，随着出版技术与出版产业的不断发展，知识信息不断扩展，知识体系也在不断更新，这也就直接导致了出版专业核心课程体系的开放性。出版专业核心课程体系将随着出版专业核心知识的不断发展进步，在内部构成上不断扩展，在已有基础上进行革新。针对这种特性，我们应该以发展的、动态的眼光来看待并规划出版专业核心课程体系，不断探寻出版专业教育的发展规律，从而开辟一条观察出版专业教育沿革的新路径，有效提高出版专业教育对出版产业的适应度。

4. 逐步与国际出版教育接轨

国际化日益成为出版业的发展趋势，出版专业教育亦应随之国际化。出版专业核心课程体系作为出版专业教育的重要组成部分，自然也要逐步与国际出版教育接轨。对于出版专业教育如何接轨、从哪里接轨等问题的着眼点应放到核心课程体系中最为本质的核心知识层面，去深入挖掘国外先进出版专业课程体系中核心知识分布、核心课程之间的知识关联等问题。国内高校应借助与国外高校出版专业联合办学的机会，在合作中充分借鉴学习国外高校出版专业知识和专业课程设置的思路与做法，不断完善国内出版专业核心课程的建设。

参考文献

［1］丁林. 编辑出版学创新性人才培养的课程体系设计研究［D］. 安徽大学，2011.

［2］廉同辉、袁勤俭、宗乾进. 基于CSSCI的数字出版研究知识图谱分析［J］. 出版科学，2013（01）：76－80.

［3］潘文年、张岑岑、丁林. 我国编辑出版学本科教育课程体系分析［J］. 合肥学院学报（社会科学版），2012（05）：114－118.

［4］易凌云. 我国数字媒体专业本科核心课程体系研究［D］. 华中师范大学，2008.

［5］李媛媛. 中国编辑出版学专业本科课程设置研究［D］. 北京印刷学院，2009.

［6］苏世军、张养志. 西方出版概要［M］，北京：中国人民大学出版社，2012.

［7］蔡冬丽. 论编辑出版学的学科体系［D］. 河南大学，2009.

［8］房宏君、宿迎雪. 知识图谱在高校本科教学中的应用研究——以人力资源管理专业教学为例［J］. 人力资源管理，2014（5）：245－246.

［9］陈丹、张聪、仲诚. 全国高校出版专业建设现状调查与分析［J］. 现代出版，2014（2）：25－30.

数字出版人才知识能力构成特征分析[*]

张维娣　张志林　黄孝章[**]

摘　要：在数字时代的大环境之下，媒体间的融合日趋加强，作为文化创意产业的重要组成部分的出版业，不论是从政策上还是市场上，数字出版都将成为出版业可持续性发展的必然方向。因此数字出版人才培养成为产业可持续发展的重要保障。本文通过数字化出版的特征分析，提出应按照数字出版人才需求的不同层次定位，构筑数字出版人才所需的知识与能力结构。

一、数字时代对出版人提出新要求

（一）数字技术应用显示五个特征

数字时代是以数字技术的发展为主要特征的时代。"数字技术"

---

[*] 本文原载《北京印刷学院学报》2010年第18卷第1期。基金项目：中国出版科学研究所2009年项目"我国数字出版人才培养模式研究"；北京市哲学社会科学规划重点项目"北京数字出版产业发展态势及模式研究"（07AbJG161）研究成果之一。

[**] 作者简介：张维娣，时为北京印刷学院传播学专业研究生；张志林，北京印刷学院新闻出版学院教授；黄孝章，北京印刷学院经济管理学院教授。

（Digital Technology）是一项与电子计算机相伴相生的科学技术，它是指借助一定的设备将各种信息，包括图、文、声、像等，转化为电子计算机能识别的二进制数字"0"和"1"后进行运算、加工、存储、传送、传播、还原、再生的技术。由于在运算、存储等环节中要借助计算机对信息进行编码、压缩、解码，因此也称为数码技术、计算机技术等。

数字化技术的发展与应用给社会的各个领域都带来了巨大的变化，从信息产业的角度来看，可以有以下五个特征：

其一，开放式海量信息传播。

其二，虚拟事物的媒体再现。

其三，信息交流的即时性和互动性。

其四，个性化与人性化需求满足。

其五，生产方式的非线性处理。

（二）数字技术带来出版业新发展

数字技术的发展对出版业产生了颠覆性的影响，改变了出版业的形态，催生了新的出版行为。从20世纪70年代中期到90年代末，出版业在数字技术的影响下发生了一系列的改变，实现了中文符号的数字化、排版技术的数字化以及产品形式的数字化，产生了具备数字出版雏形的产品，如电子出版物。但在这个阶段，产业链的形态并没有发生改变，仍依附于传统出版，属于传统出版的技术增值形态。

进入21世纪，互联网进入Web2.0时代。Web2.0是相对于单向传播的Web1.0而言的，其本质就是互动。在Web2.0时代，用户既是互联网内容的阅读者，也是互联网内容的制造及发布者，由被动的接收信息到主动的制作传播信息，这种多对多的传播方式，对出版观念、编辑行为、消费群多重细分、市场份额、利益重新分配、产业链重组等都产生了本质的改变，从根本上改变了出版业态，打破了传统的出版格局，催生了新的出版形态，如网络出版、移动阅读和复合出版。

在传统出版的边界和外围，随着新媒体形态不断出现，大量的内容生产并没有经过传统的内容三审制而进入发布传播领域，成为事实上的出版行为，这表明数字技术能够不依赖于传统出版进行新的内容生产，并且是可视化的、交互式的内容。本文认为，数字化出版并非单纯指传统出版流程受到数字技术影响，仅仅在出版物产品形态及技术层面发生的变化，更是指一种基于信息技术发展出现的新的出版理念和出版行为。数字出版不是依附于传统出版而存在的一种出版形式，而是可以独立创新的出版生产行为，是对传统出版形态的提升、对传统出版方式的扬弃。

随着技术的创新，我们还会进入 Web3.0 时代。在 Web3.0 阶段，将会实现以知识元为单位的内容组织，方便将内容信息进行自由整合，对内容特征进行准确标识，便于检索，能够将出版内容进行大规模有序化、结构化、定制化生产加工，从而实现大规模的定制出版，内容的提供也越来越呈现细分、专业化、个性化的趋势。目前可以看到的是，越来越多的内容提供商、技术提供商、数字设备制造商、通信运营商、风险投资金融资本等，各种角色加入这个产业链中来，而出版社在这个全新的产业链之中将会角色重塑。

产业发展的基础技术发生变化，从模拟走向数字，这将影响到出版的工作方式、产业形态变化，由此带来建立在物理模拟生产方式基础上的产业结构的解构，建立在数字出版传播生产方式上的出版业态形成，是一种全新的构建。因此，传统出版链条上的各个环节，人员知识结构要补充，进入数字出版链条中的新媒体从业人员也要学习人文、编辑出版知识和出版政策。

（三）数字出版对人才素质的新要求

行业发展需要复合型人才，培养人才为行业发展服务。因此，数字出版人才培养模式的研究，要从行业本身的特征出发，从数字出版的特征出发才能找准立足点。

数字出版对人才素质的新要求包括知识和能力两方面。知识的传授主要靠学校教育。据不完全统计，全国约有100所高校设置了有关数字出版专业方向或开设相关课程，一些院校在计算机类专业开设新媒体等与数字出版相关的课程，甚至也有跨学科的数字艺术等专业出现。近30所高校在传播学、图书情报学、管理学等硕士学位点下设数字出版方向，培养硕士研究生；也有一些高校在传播学、图书情报学等学位点下设立数字出版方向，开展数字出版博士研究生的培养，形成一定的数字出版教育规模。[1]

我国高等教育对知识的传播教育有成熟的体系，但对能力的培养方式和途径相对欠缺。实践中往往出现大量的高校毕业生找不到工作，而大量的用人单位呼吁没有合适的人才能供选聘的尴尬局面，这暴露出现行单纯重知识传授的教育方式的不足，教育与人才市场的需求有些脱节。

能力是个人能否成为人才的重要标准。数字出版教育是与编辑出版、信息科学技术、市场营销推广紧密结合的教育，数字出版人才是一种复合型的人才，因此，对数字出版人才的能力提出了更高的要求，且这种能力要在尽量多的出版实践活动中得以增强。

二、数字出版人才的知识结构

知识结构是指个体具有的相互联系、相互作用的各种概念、方法、经验等知识形成的知识子系统,由其所构成的知识大系统。一般认为,一个合理的知识结构要具备:(1) 融会贯通的基础知识体系。它是现代科学技术的理论支柱,包括哲学、数学等相关学科的基础知识;(2) 学有所长的专业知识体系。指从事某种具体的职业岗位所需专业知识的构成总量与结合方式。大学生的专业知识体系可以概括为:专业基础知识—专业知识—学科知识—学科前沿知识;(3) 得心应手的工具知识体系。[2]高等学校教育担负着培养人才,为社会、行业输送人才的职责,出版产业是实体产业,因而讨论数字出版人才的培养,需要从行业出发,围绕行业特征来构建人才培养知识体系。

(一) 人文社科基础知识

坚实而深厚的人文基础知识是人才知识结构的根基。这部分知识主要是指基础性的人文、社会科学知识,包括外语、汉语言文学、数学、哲学、政治学、美学、经济学、营销学、社会学、心理学以及相关法律法规等。编辑出版人才本是"杂家",具备深厚的文化素养,是出版人才所必备的。数字出版人才更要既懂技术又要懂艺术,具备文理兼容、跨学科的复合型知识结构。

（二）编辑出版专业基础知识

数字时代行业分工之间的严格界限被打破，新时期的出版人才应当熟悉整个出版流程，从宏观上把握出版的大概念，同时又具备扎实的出版实务技能知识和版权相关知识，尤其是数字时代的版权交易相关知识。以北京印刷学院为例，编辑出版专业的核心专业课程主要有：传播学、中国编辑出版史、出版学、编辑学、发行学、出版社经营管理、出版法规、版权与版权贸易等，在课程编排上突出编辑出版理论知识的重要性。数字出版人才也要学好编辑出版知识，符合出版物编印发一体化的宽口径要求，系统掌握编辑出版理论知识与业务技能。

（三）计算机科学与技术相关知识

计算机技术、计算机图形图像处理技术、网络通讯技术、数据库技术是构成数字时代的技术根基。作为数字出版人才，计算机相关知识是其必备的知识储备，既要熟悉出版业务，又能娴熟运用 IT 技术。因此，办公自动化处理技术、计算机图形图像处理技术、计算机网络技术、网站编辑及维护等相关知识，都需要纳入数字出版人才培养的知识体系中。

（四）新媒体技术知识

新媒体技术给出版业发展带来新的契机，数字出版人才须掌握的新媒体技术相关知识包括以下几种：

1. 数字内容管理技术

数字环境下对信息的有效管理成为一种新的挑战。数字内容生产要对大量基于不同自然语言、语言习惯、学科背景的知识表述,使用国际通用的编码进行标准化描述,进行关键字标识以方便检索;基于数字技术对内容进行深度挖掘、管理,建立有序化、结构化的数字资源库,便于内部资源共享,为二次研发提供保障。出版社数字内容管理平台包括数字内容库、数字内容管理系统和数字内容发布系统。数字内容管理既是一种对资源的管理,又是一种生产方式[3]。

2. 海量内容有效存储技术

数字时代信息量迅速膨胀,如何有效整合数量与日俱增、类型层出不穷的信息,成为媒体资产管理的职责之一。因此数字出版人才需要具备一定的信息存储方面的知识,能够处理庞大的数据量及复杂的媒体类型,同时能跨越多种存储平台的限制。

3. 海量内容安全快速传输技术

数字技术下信息的传播方式发生了很大的改变,由传统媒体的单向传播转向点对点、点对多、多对多的传播,每个人既是信息的接收者,也是信息的发送者。无线传输、流媒体传输技术的发展,使互联网出版、手机出版成为数字时代新兴出版形态,有效传输技术知识也是应该具备的内容。

4. 海量内容再现技术

对于那些不可观测或难以观测的场景和信息,在传统媒体环境下是不能表现或难以表现的，只能通过理论模型来构建。但新媒体技术的发展使得这些场景和信息的再现成为一种可能。动画技术、三维技术、计算机辅助设计等技术的应用，让信息的传播更生动、更直观、有效。

5. 媒体的有效表达

媒体与视觉传达设计之间的关系是互动的，媒体既体现了设计，又给设计带来了局限性；设计既受制于媒体，又是新媒体产生的动力之一。[4]传统媒介单一的感官传达功能具有先天的局限性，新媒体能够全面调动人的视觉、听觉、触觉，引导视觉传达朝多维化、人性化、趣味化、参与性、多感官等方面发展，达到信息的全面传递。作为数字出版人，必须具备新媒体表达方面的知识，并有一定美学素养，具备一定的审美能力，进行多媒体、跨媒体的内容发布。

三、数字出版人才的能力培养

知识的外在表现即为能力，知识能够表现出多少以及如何表现，更是一种能力。能力是人的一种主观条件。按照功能划分，能力可分为认识能力、操作能力和社交能力等。能力靠后天的培养和提高，是一个贯穿于人的实践活动之中的长期过程。能力培养受生理、心理、环境、社会因素等很多条件的影响，通过将知识运用于实践之中，分析解决实际问题，进而形成新的知识和经验的反复积累，最终成为个人的能力。

（一）数字出版人才能力构成

数字产品生产与传播可以概括为内容加工、出版物媒体操作、出版物推广等三个方面，即信息的搜集、获取、检索、筛选、编辑；信息的媒体表现；信息的传播。传统的编辑业务包括选题、组稿、审稿、加工、发稿、校对六大基本环节，数字出版人才除了要熟悉传统的编辑出版流程，具备扎实的编辑出版业务能力之外，还要对数字出版理念及行为有更清晰的认知，以应对数字时代更高的要求和挑战。

数字出版人才的能力培养要注重以下几个方面内容：

1. 数字编辑业务能力

首先，面对海量的信息和潜在稿源，要培养出版人的信息敏感性，要有识别筛选信息的能力，能够驾驭信息，而非在海量信息中迷失方向，无从下手。在工作手段上，则要具备信息检索能力，能熟练地利用各种搜索工具查找到选题及编辑加工所需的资料信息。

其次，对于搜集到和筛选出的资料，要对内容进行转换、标引、分类，要具备数字化内容和内容管理的能力，以方便数字内容的多媒体和跨媒体开发。在工作手段上，则表现为计算机处理能力。

2. 新媒体运用能力

数字出版综合运用了多种媒体技术，不同的媒体形态对于内容的表达形式和效果也不尽相同，因此，数字时代的出版人应当熟悉各种媒体尤其是新媒体的特性，具备能够依据不同媒体特性来进行内容的开发运作能力，对多媒体形态进行组合，实现多媒体的有效融合。另外还包括对数字内容的二次或多次跨媒体开发的能力，具备领先一步的创新思维，设计出新颖的内容表达形式，实现数字化内容的有效增值。

3. 市场运作能力

数字化时代的出版市场，是多元化的市场，除了传统的出版单位之外，新媒体、数字出版机构包括电信运营商都加入这个市场中来，因此要求编辑出版人员必须具有全方位的市场营销能力。其中最为重要的是市场预测能力、产品包装设计能力、宣传促销能力。① 市场运作能力就是能够进行消费需求和消费心理分析，根据目标消费市场、目标消费群体，进行市场预测，开发相应的产品，再根据目标市场的特点进行产品的包装设计，制订相应的市场推广计划和宣传促销活动。数字时代行业分工之间的界限逐渐淡化，作为数字时代的出版人才，要具备一定市场运作能力，熟悉市场，才能够更好地参与到产品的编辑开发与推广中去。

（二）在实践中强化能力培养

数字出版的应用性特征决定了实践环节在能力培养中地位的重要性。社会实践是深化理论知识，增强实践技能的有效途径。因此在数字出版人才能力培养中，必须在实践中锻炼能力、提高能力。

学校教育很容易陷入单纯的知识灌输，而忽略能力的培养，因此要鼓励学生积极参加数字出版的实践活动，在实际中增进观察和交流；学校要增强与出版行业的联系，引入出版机构和前沿出版企业，加强数字出版实习基地和实训站的建设，在实训模拟环境下培养学生实际动手能

---

① 参见罗紫初：论数字时代出版人能力之培养，第二届数字时代出版产业发展与人才培养国际学术研讨会论文集。

力和解决具体问题的能力。2008年起，北京印刷学院与中国出版科学研究所、商务印书馆、方正阿帕比公司、国际版权交易中心等一批企业和科研机构共建数字出版人才培养/教育教学实践基地，开创了高校与业界合作的良好开端。通过基地建设，可以为研究机构、出版企业的科研人员提供教学场所，也可以为学生提供接触数字出版实践的机会，在实践活动中加强知识运用能力和动手能力的培养与锻炼。

四、各层次人才知识与能力构成特征分析

数字出版需要的是复合型人才。所谓复合，一是指具有两个或两个以上专业（或学科）知识背景的复合；二是指其专业背景与实践活动中习得的跨学科知识能力的复合。所谓复合型人才的知识特征：一是基础宽厚、知识面广；二是知识的交融性，其特征为能力的综合性及创新性。[5]。

科技迅速发展使多学科交叉融合、综合化的趋势日益增强，单一的专业化教育模式已经不适合目前社会的需要，因此，如何培养出高质量的"复合型"人才以满足形势发展的需要，引发了高等教育的深层次变革。目前，我国普通高校大多采用的是宽基础、多方向的人才培养模式。也就是说本科生必须具备扎实的基础科学和基础理论知识以及必要的人文、管理、艺术和社会科学知识，牢固地打下学科性广博知识的基础，同时学习两个（或两个以上）专业方向。以北京印刷学院的数字出版专业培养方案为例，该方案在数字出版专业基础之上，形成三个主要培养方向：（1）数字内容创意与表达；（2）数字内容经营与推广；（3）数字媒体技术应用。该方案横跨理工文管法五大学科门类，从培养方向、培养模式和课程体系设置上体现"复合型"的培养目标。

人才培养模式并非一成不变，而是要根据社会的发展和行业的需求，随时对人才培养目标进行重新定位，对人才培养模式进行重新设计，并从不同层次与不同面向的人才培养出发，构建多样化的人才培养模式。

社会人才从宏观上划分为两大类：一类侧重于发现和研究客观规律，称为学术型人才；另一类侧重于应用客观规律为社会谋取直接利益（社会效益），称为应用型人才。① 在分析出版人才的知识与能力构成特征时，就要从不同层次、不同定位出发，构建相应的知识与能力体系。

（一）应用型复合人才

应用型复合人才是相对于学术研究型人才而言的，是指将专业知识和技能应用于所从事的专业社会实践的一种专门人才类型。

在数字时代，出版业需要能够掌握数字技术、新媒体技术，同时又熟悉出版业务，具备扎实的编辑出版知识的复合型应用人才。应用复合型人才的培养主要着重于培养其解决实际问题的能力，适宜以本科层次为主。除了高校专门培养之外，还要注重社会培训及在职继续教育，对现有人才进行培训开发，加强其在数字技术、新媒体技术、市场运作、经营管理、营销方面的知识和能力的培养。

（二）应用研究型复合人才

应用研究型复合人才是指有硕士学位以上的教育水平，具有坚实的

---

① 参见吴阿林：《应用型人才的层次结构及其指标体系的研究》，载《黑龙江高教研究》2006年第11期。

基础知识、系统的研究方法、高水平的研究能力和创新能力,在社会各个领域从事研究工作和创新工作的人才。研究型人才主要通过系统的理论和实践研究,为行业提供前瞻性的理论,因此必须有扎实的基础知识及专业知识,具备系统而完备的研究方法及创新性思维方式。

随着研究生逐年扩招,专为教学科研岗位培养单一的学术型人才明显不合时宜。因此,目前很多高校将培养目标从培养研究型人才转向培养应用研究型人才,并分为学术性学位和专业学位两个方向来进行同一层次的不同侧重培养。学术性学位按学科设立,以学术研究为导向,偏重理论和研究,重在培养大学教师和科研机构的研究人员;而专业学位以专业实践为导向,重视实践和应用,在教育上突出学术性与职业性紧密结合,培养在专业和专门技术上受到正规的、高水平训练的高层次人才。[6]

数字出版业需要高层次的多学科交叉复合型人才,除了在招生方面注重学科背景之外,目前国内外一些著名研究机构和高校都纷纷成立相关的研究机构或实验室,对数字出版进行专门的研究,并与行业内的前沿机构和出版公司联合建立实习实训基地,提升实践环节在人才培养中的比重。注重产学研一体化,在完备而深厚的理论知识基础之上,加强实践应用能力的锻炼,培养理论与实践兼备的高层次复合型出版人才。

(三)经营管理型人才

在第二届中国数字出版博览会上,新闻出版总署副署长、国家版权局副局长阎晓宏先生提到,当前我国数字出版业发展中掌握数字出版技术的人才和管理人才奇缺,困扰着出版业数字化进程的提速。我国数字出版管理的高级人才比较少,而对这种管理人才的要求又比较高,要求既熟悉出版专业知识和现代出版技术，又善于经营和管理。管理人才需要在市场分析的基础上、在经营层面上制定产品策略，这就要求管理人才必须具备经济学、管理学知识，有市场分析和预测的能力，同时又熟悉整个出版流程及出版业政策法规。管理人才的培养并非一朝一夕，除了相关知识的积累之外，能力的培养是重点，而这种能力，应当是在实践中培养起来的，因此，对于管理人才的培养，应重视社会培养和在职继续教育；高等教育的培养层次应该在硕士和博士生教育阶段实现。

五、结论

总之，数字出版业要获得可持续发展，必须重视人才培养问题，而人才培养要贴近市场、贴近行业，要由人才培养机构、社会教育、自身教育三方面共同发力，紧密联系数字出版的行业特征，构建科学合理的数字出版人才知识和能力的体系，走产学研管一体化道路。建立本科以上学历层次为主的多重培养层次，构筑数字出版人才培养群，适应行业的不同需求，为我国数字出版业的发展和建设提供强有力的人才支撑。

参考文献

[1] 参见中国出版科学研究所：《2007—2008 中国数字出版产业年度报告》子报告——《中国数字出版教育调研报告》，中国书籍出版社 2008 年版。

[2] 葛海燕. 论大学生构建合理的知识结构 [J]. 教育与职业，2007（35）：179 – 180.

[3] 陈洁. 出版社数字内容管理平台的构架与实施 [J]. 科技与出版，2009（2）：55 – 57.

[4] 曲国先、蔡丽娟. 从互联网络到视觉传达 [J]. 桂林电子工业学院学报，

2000（2）：78-81.

［5］朱砚．从高校复合型人才培养看人才培养模式的改革［J］．继续教育研究，2009（2）：97-98.

［6］朱敏．中国硕士教育由学术型逐渐向应用型转变［EB/OL］．2009-7-2http：//www.jlgjxh.cn/news view.asp? newsid=2761.

《数字版权管理》课程教学改革研究*

包韫慧**

数字技术和网络传播技术的不断突破改变了人们的生产方式和生活方式,也改变了人们接受信息、处理信息和发布信息的习惯。以移动互联网、云计算等为代表的新兴技术正在迅速普及,数字化大潮给各行各业都带来了深刻变革。基于数字网络技术,数字出版产业进入快速发展阶段,由此带来了权利人、传播者及公众围绕版权而产生新的利益关系。

2011年10月,党的十七届六中全会从战略高度提出科技创新是文化发展的重要引擎,要深入实施科技带动战略,加快发展数字出版产业,并提出要抓紧培养善于开拓文化新领域的拔尖创新人才、掌握现代传媒技术的专门人才。同时,新闻出版总署出台的《新闻出版业"十二五"时期发展规划》强调,要发展以内容生产数字化、管理过程数

---

* 本文原载《星丛》(Constellations) 2017 年第 24 卷第 1 期。

** 作者简介:包韫慧,北京印刷学院新闻出版学院副教授。

字化、产品形态数字化、传播渠道网络化为主要特征，以网络出版、手机出版为主要代表的数字出版等新兴业态，并提出确立人才优先发展战略。

2014年8月18日，中央全面深化改革领导小组第四次会议审议通过了《关于推动传统媒体和新兴媒体融合发展的指导意见》。习近平总书记在会上强调，要着力打造一批形态多样、手段先进、具有竞争力的新型主流媒体，建成几家拥有强大实力和传播力、公信力、影响力的新型媒体集团，形成立体多样、融合发展的现代传播体系。[1]数字出版产业相关的人才培养已经成为重中之重。

一、数字版权管理人才培养的重要性

2013年，全球数字出版产业依然迅猛发展，传统媒体与新兴媒体呈现融合趋势，国内数字出版产业全年收入规模达到2540.35亿元，比2012年整体收入增长了31.25%。2013年，互联网期刊、电子图书、数字报纸的总收入为61.75亿元，占数字出版总收入的2.43%，这一方面说明我国传统出版业数字化转型取得一定的成效，另一方面也说明传统出版单位的数字化转型仍需继续深化，要积极挖掘内容资源潜力，占据更大的市场份额。[2]

传统出版单位在数字化转型的过程中面临的主要问题是单个单位不具备海量的内容资源优势，绝大部分出版单位的存量内容资源缺乏信息网络传播权的授权，回溯很难；获得授权的比例基本不超过20%。[3]可见，无论是数字出版产业的转型升级还是传统媒体与新兴媒体的融合发展，都离不开人才，离不开出版的核心资源，内容的加工、编纂、管理及运营。在这一过程中，版权管理人才及从业人员的版权管理意识至关重要。

我国图书出版社跨媒体出版状况调查报告显示,管理人才、文字编辑、版权法律人才都有较大的需求。[4]这表明,数字出版对人才的能力提出了更高的要求:既要精通跨媒体出版物内容所属的专业,熟识出版知识,又能掌握特定出版环节的技巧,熟悉出版流程中其他环节的运作。而在整个数字出版流程过程中,其工作的核心是内容,围绕内容就离不开版权的相关知识,从内容的版权权利获取、内容加工的权利管理、内容运用的版权运营到内容的版权保护及被侵权的纠纷处理等各个环节都离不开版权管理人才。

二、厘清数字版权管理的范畴

据高等学校出版专业教学指导委员会的统计,目前全国开展编辑出版学专业的高校有80所,开展数字出版专业的高校有5所。这些高校的出版专业归属各有不同,课程设置目前还没有统一的标准,但大都会涉及版权的内容,如出版法规、版权与版权贸易、版权与国际图书贸易等,这些课程的共性是从法律的范畴来看待版权的相关内容。

在此,我们需要厘清数字版权管理的范畴才能明确我们的培养目的。数字版权管理早期来自Digital Rights Management（DRM）的翻译,直译为数字权益管理,但它多指从技术角度对于作品权益的保护,更多地被阐述为数字版权保护的技术手段。新闻出版总署前署长柳斌杰同志在我国著作权法第三次修订时强调版权法的修订首先必须立足于国情,致力于解决我国版权创造、运用、保护、管理面临的突出问题。[5]此处,柳斌杰对于版权的创造、运用、保护、管理四个方面的界定可以说全面地概括了版权在数字网络时代的内涵。

过去，我们从法律层面理解版权，对应的就是版权保护。在 20 世纪 90 年代，美国提出版权产业这一概念及世界知识产权组织开展版权产业贡献调研以后，对于版权的理解拓展到经济层面——版权的运用，也就是说，版权保护是手段，版权运用是目的，二者不可偏废。那么，在版权运用的同时实现版权保护是我们看到的表象，而这两个环节的背后是鼓励作者的创造以保持作品的不断涌现及传播者在进行版权运营时的规范管理的这两个层面。基于这样一种理解，我们发现对于版权人才的培养不能仅仅局限于法律层面版权内容的授课，而是能够适应这四个环节的以版权为核心的版权管理人才的培养。

三、《数字版权管理》课程的教学内容改革

（一）教学内容设计的适应性改革

1. 教学内容设计适应国家知识产权战略发展的需要

为提升我国知识产权创造、运用、保护和管理能力，建设创新型国家，实现全面建设小康社会目标，我国于 2008 年 6 月发布了"国家知识产权战略纲要"。纲要指出，知识在经济社会发展中的作用越来越突出。促进知识产权创造和运用是纲要明确写出的目标之一。促进自主创新成果的知识产权化、商品化、产业化，引导企业采取知识产权转让、许可、质押等方式实现知识产权的市场价值。为适应这一需要，课程内容设计增加了版权使用和运营的篇幅，并结合行业的最新案例补充授课内容。

2. 教学内容设计适应数字出版产业发展的需要

近年来，数字出版产业保持了强劲的增长态势，成为出版传媒业新的经济增长点。数字网络环境下的出版传媒产业，内容是致胜的关键，能否解决数字网络环境下的版权授权、管理及运营等问题是出版传媒产业发展的关键之一。目前数字出版产业发展存在诸如数字出版版权保护机制依然滞后，内容上原创性不足，数字出版行业标准混乱，数字产品产业链延伸不足等问题，其核心都是围绕版权问题，数字版权是数字出版产业发展的瓶颈。为适应这一需要，课程内容设计突出对数字出版企业及行业中的典型版权案例的分析和解读。

3. 教学内容设计适应了丰富数字版权理论、促进产业健康快速发展需要

数字网络环境下主要存在三大版权问题：一是数字网络技术削弱了著作权人对作品的控制，网络环境下大量未经授权使用作品的现象仍很突出，权利人在网络环境下相对处于弱势地位；二是传统的版权授权模式受到挑战，进一步引发了著作权人与作品使用者、作品传播者的利益冲突，使侵权与维权的矛盾更加凸显；三是数字网络技术日新月异，新的网络应用层出不穷，这对网络环境下版权保护的基本原则、保护机制、权利结构提出了挑战。[6]

为适应这一需要，将教学内容调整为三大部分：著作权法律基础部分、数字版权交易与管理实务部分、实践教学部分。并在授课中逐步渗透国家在数字出版、数字版权领域的新动态和新趋势，一手抓基础理论，一手抓产业实践。以数字出版产业发展中所形成的新关系和平台为

基础，以全新的角度看待数字版权权利各方及产业发展等问题。

（二）教学内容设计的先进性改革

与数字网络环境下的内容连结最紧密的就是数字版权问题，包括版权的创造、权利的流转、权利的管理、权利的交易与运营等各个方面。根据产业发展状况及行业需求，在授课内容组织的先进性上呈现出如下特点：

1. 基础性

数字版权是行业发展的约定俗称，其权利使用和流转的法律基础离不开《著作权法》及其实施条例、《信息网络传播权保护条例》等相关法律、法规、文件等。因此，这部分内容构成授课的基础部分，也是必不可少的部分。

2. 研究性

数字出版产业发展刚刚走过起步阶段，目前的发展仍在探索和实践，围绕数字版权在各个阶段都体现出较强的实践性，如作者在创作阶段、作品的传播授权阶段、作品权利的管理、作品的交易与运营阶段等应如何实践，从业人员也处在探索过程中。因此，在对教学内容的改革时，通过带领学生参加教师的科学研究、承担大学生科研项目、到企业参观学习、邀请专家到校讲课等环节，最大限度地将这一领域的研究成果转化为教学内容，体现出较强的研究性。

3. 前沿性

2012年，我国开始对著作权法进行第三次修订，先后出台两个草案，目前还在审议过程中。围绕这一主题，教师在授课内容的组织上将现行法律及草案进行对比分析，授课讲解，使得基础内容既基础又前沿。此外，针对业界的最新案例、前沿知识增加了专题讨论、模拟再现工作场景、到企业参观学习及交流等环节，以保持教学内容的前沿性。

四、《数字版权管理》课程教学方法改革

本课程综合运用课堂讲授、案例式教学、课堂专题研讨、场景再现等教学方式，使相关知识点学习得更为透彻，既传授了知识、又在不同程度上锻炼了学生语言组织、逻辑思维等能力，对综合素质的提升有较好效果。

（一）教学理念的转变

本课程教学在教学理念上实现四个转变：（1）变"以教师为中心"为"教师为主导"，实现师生共同学习、探索；（2）变"以授课为中心"为"以学习为中心"，上完一学期的课不是目的，真正的目的是学习并有所获；（3）变"以课堂为中心"为"课内外并重"，教师的教授过程不仅局限于课堂的50分钟，增加课外学习和沟通环节，使学习常态化；（4）变"授之以鱼"为"授之以渔"，注重能力的培养而不局限于知识的传授。

(二) 多种教学手段并用

1. 理论教学与案例教学并重,授课与实践兼顾

理论教学法与实践教学法各有其优缺点,在数字版权管理的课堂教学过程中是将二者结合起来。在讲授理论知识时,增加案例教学内容,使得授课生动,吸引学生参与;在授课之余,通过实践环节巩固理论知识,并做到理论与实践的结合,提升了教学效果。案例教学法成为本课程教学中的重要方法与特色,是联结版权法律制度的学习与版权管理与运营的纽带,既提高学生的学习兴趣,又培养其运用法律思维,分析解决实际问题的能力。通过案例教学及讨论、点评、互动,某些工作场景的还原、再现等,使教师了解到学生的关注点、擅长与薄弱的环节,从而有针对性地准备授课内容,更新授课资料,使得教学效果得以提高。

2. 采用从游式教学方法

从游式教学法可以简单地理解为"大鱼带小鱼,小鱼带虾米",是北大教授陈平原提出的。在这种教学方式中,教师是大鱼,学习能力强、知识掌握好的学生是小鱼,学习能力稍差的同学是虾米,也就是说教师的教学通过带动一部分同学先学起来,再通过这部分先进的同学带动其他同学,最后实现共同学习、共同进步。"大鱼前导,小鱼从游",游着游着,小鱼就变大鱼了,实际上是"引导式"教学。在这个过程中,教师不断完善自己的思路,学生也能体会到老师思想的演进轨迹,积累到一定程度,就会有量变到质变的跳跃。

3. 以实践环节促进课堂学习

本课程的应用性与实务性较强。在教学过程中，教师提前指定作业主题，或由教师提供资料或由同学自己收集案例、查阅相关法规，做出调查报告，制作PPT进行主题讲解及知识分享。在这个过程中，同学们可以通过自己的报告和其他同学的报告清晰地看到差距，这种带有压力的研讨方式使得同学们必须去认真准备，比聆听教师讲课收获更大。

同时，充分利用社会资源辅助课堂教学。本课程有16学时的实践环节，这一环节有利于学生走出课堂，贴近行业和社会进行调查研究、参观学习及课外研讨。这种直观的交流和沟通使得学生对于专业知识与实际应用有了真切的体会，起到的效果是课堂教学无法企及的。

此外，定期邀请业界及学界专家来课堂讲座。专家讲座不同于教师的授课，给学生带来了行业的前沿和听课的新鲜感，讲座之余的交流和沟通拉近了学生与行业及社会的距离，巩固了学生的专业学习并可能为未来就业提供机会。

4. 结合课程指导学生的第二课堂

学校鼓励学生参加各类学科竞赛，以赛代练，在这一思想指导下，鼓励学生参加中国版权保护中心组织的全国大学生版权征文活动及新闻出版总署组织的版权知识竞赛等活动。在大学生科研项目方面，除了带领学生参与自己的教研项目外，还为学生设计相关项目参加北京市及学校的大学生科研项目。参与竞赛和科研不仅调动了学生学习的积极性，在科研和竞赛的过程中对学生的综合素质也有提升，为学生的就业增加砝码。

5. 充分利用新媒体手段进行教学

本课程在我校教务在线的精品课程网站上建立了"数字版权管理"网络课程，学生可自由访问。在网站上集成了课程简介、多媒体课件、各章节的测试题等课程学习的所有教学资源并随时更新，方便学生通过网络在线学习，和教师互动交流。

此外，作为"90后"的新新一代，移动媒体及网络的使用占据了他们的大部分业余时间，教师通过微信、QQ、微博、社交平台等的信息发布与沟通，带领学生进入课程学习。这种沟通及时、方便、有亲切感，且将课堂教学延伸到课后，保证了学习的连贯性。

结语

通过近几年的积极实践与探索，本课程的建设逐步成熟和完善。从以教师为核心的教学模式，到以学生为中心的教学模式；从注重知识的传授，到注重能力的培养；从教师单方面讲授，到师生互动循环；学生的知识掌握与能力培养都取得明显成效。随着数字出版行业及产业的不断发展，教学内容及教学方法还会面临新的问题，课程组将会不断探索和完善。

参考文献

[1]《关于推动传统媒体和新兴媒体融合发展的指导意见》审议通过引业界关注——媒体深度融合热潮将至. 检索地址: http://www.gapp.gov.cn/news/1656/223719.shtml，检索日期 2014-8-26.

[2] 张立. 2013—2014 中国数字出版产业年度报告. 中国书籍出版社，2014：

9—11.

［3］王强.数字时代出版业的转型与战略重点.数字出版与版权运营专题培训，2014.8.

［4］张立.我国图书出版社跨媒体出版状况调查报告（十三）.检索地址：http：//blog.sina.com.cn/s/blog_4b0920d60100eepp.html，检索日期：2014－8－31.

［5］《著作权法》启动第三次修订.央视网.检索地址：http：//news.cntv.cn/20110718/111104.shtml，检索日期：2014－8－29.

［6］赖名芳.阎晓宏出席中美知识产权圆桌会议开幕式.检索地址：http：//www.chinaxwcb.com/2012－04/13/content_240974.htm，检索时间：2014－08－31.

《数字出版物创编》课程建设的实践与效果分析[*]

王京山[**]

提　要：《数字出版物创编》是数字出版专业的核心优势课程。在《数字出版物创编》课程建设过程中，本课程组根据专业实际更新教学内容，力求与时俱进，确定以任务实践引导教学的指导思想，结合实践环节提升学生数字出版物创编的技能，同时革新课程考核方式，使学生面对具体的数字出版物编辑加工更易上手，学生实践技能不断提升。数字出版物创编课程建设的实践，证明我们课程建设的思路是正确的。我们还需要继续厘清思路，加强教材建设，推动课程的网络化，提高课程教学的现代化水平。

《数字出版物创编》是我校数字出版专业的核心课，是一门综合运

---

[*] 本文为北京印刷学院校级课程建设项目"数字出版物创编建设研究"成果之一。
[**] 作者简介：王京山，北京印刷学院新闻出版学院教授。

用数字出版理论及相关技术的应用基础课程。它的任务是让学生在现有技术条件下了解并掌握较为成熟的数字出版物创编理论与方法并能够举一反三，结合数字出版内容和形式的要求编创适合需要的数字出版物。作为数字出版专业的核心课，该课程要使学生了解数字出版物的基本形式和设计方法，运用数字出版技术创编较为完善的数字出版物，从中体会数字出版物的特质并具备一定的创编实际操作能力。因此，该课是理论与实践相结合的专业基础课程，该课程的建设将推动数字出版专业办学水平的提高，服从服务于北京印刷学院总体发展的大局。

一、《数字出版物创编》课程的地位和影响

《数字出版物创编》是数字出版专业的必修课。自2008年数字出版专业建立以来，即为专业核心课。原课程名为《数字出版物设计与制作》，共48学时，3个学分；2011版培养方案修订后该课程定名为《数字出版物创编》，课时调整为64学时，4个学分。之所以调整该课程的学时和学分，是基于该课程的基础性支撑地位。

（一）数字出版物创编是数字出版业从业人员的核心技能之一

从我国的情况来看，数字出版产业呈现较快的增长速度和良好的发展态势。中国新闻出版研究院发布的《2014—2015中国数字出版产业年度报告》显示，2014年我国数字出版收入超过3300亿元，同比增长33.36%[1]，产值再创新高，并呈现出整体收入规模持续上升、用户规模平稳增长、网络原创作品显著增加等特点，继续保持了强势增长势头。数字出版产业的发展离不开大批高质量数字出版物的涌现与普及。

在数字出版产业的发展过程中,数字内容生产是其中的核心环节,而数字出版物创编是数字内容生产的基本形式,因此数字出版物创编是数字出版业从业人员的核心技能之一。宏观来看,数字出版产业涉及版权、发行、支付平台和最终的服务模式,它要依托数字内容,用数字化方式进行立体化传播,进而形成完整的数字出版产业链条。在数字出版产业链条中,基于数字出版物创编的数字内容生产对于数字出版产业的发展具有基础性决定作用。因此,对于即将投身于数字出版产业中的在校学生来说,掌握数字出版物创编这个基础的核心技能,具有重要的基础作用。

(二) 数字出版物创编是数字出版专业的特色优势课程

2007 年,我校获教育部批准设立"传播学(数字出版)"专业,这是我国第一次直接以数字出版命名而设立的专业。2008 年该专业已开始招生,该专业以"宽口径、厚基础、多技能"为基本要求,培养既有深厚的文化底蕴,又熟谙数字出版规律,能适应新技术新媒体发展和信息时代大众文化传播多元化趋势的复合型高级应用专门人才。2013 年,教育部发布新的《普通高等学校本科专业目录》,首次设立"数字出版"特设专业,我校开始招收数字出版专业本科生。与其他高校相比,我校的数字出版教育以培养实践技能型本科生为主,和其他高校的不同培养目标共同构成了我国数字出版教育的多个层次。

数字出版物创编是数字出版专业学生必须掌握的基本技能。通过学习该课程,学生可以了解数字出版物的发展现状和分类,消除对数字出版产业的隔膜,对数字出版物的存在方式及传播特征有较为清晰的把握。更为重要的,学生通过学习本课程掌握数字出版物创编的基本方法,并结合实际自己编创电子图书、电子期刊等数字出版物,通过实践锻炼自己对数字内容的编辑处理能力,提高学以致用的水平,造就高素质应用型专业人才。从其他学校的情况看,目前有关数字出版物创编的内容只有少数学校涉及,或仅作为选修课程。北京印刷学院数字出版专业开设并建设高水平的《数字出版物创编》课程,可以引领数字出版专业的发展潮流,牢牢占据国内数字出版专业的领先地位。

按照数字出版专业培养方案的规划,数字出版专业学生的培养主要为三个方向:偏内容策划、偏技术管理、偏产品运营。无论是哪个方向的培养,都离不开数字出版产业发展的基本规律。此外,本专业叫"数字出版",同其他数字类专业的根本区别在于"出版",而"出版"是离不开"内容"的,"内容"要想在数字环境下进行传播,是离不开数字出版物创编的有关知识的。

此外,数字出版专业属于实践操作性较强的专业类型,数字出版物创编是构成数字出版应用型高级专门人才知识体系的有机组成部分。因此,无论从专业建设的角度考虑还是从人才培养的角度考虑,都需要对数字出版物创编的有关问题做深入研究,需要对《数字出版物创编》这门课程进行建设,这对我校数字出版专业的建设,对该专业的人才培养,乃至对数字出版产业的发展都有现实意义。

二、《数字出版物创编》课程建设的思路与实践分析

(一) 根据专业实际更新教学内容

按照培养数字出版应用型高级专门人才的要求,在课程建设过程

中，本课程组根据专业实际更新教学内容，力求与时俱进，使学生学以致用，理论联系实际。本课程作为专业核心课，又是应用性技能课程，本课程的教学目的立足于使学生掌握数字出版物创编的基本技能，因此本课程的教学内容应该结合数字出版产业现状实际，讲授数字出版产业现有的常用软件和数字出版物创编的基本流程、方式方法，为学生投身数字出版产业打下坚实的基础。本课程的教学内容，紧密结合数字出版业实际，为学生学习提供仿真的学习和实习环境，鼓励学生带着任务主动学习。

教学内容的更新受到两个方面的影响：首先是数字出版产业的软硬件技术水平和数字出版标准的变革。当前，数字出版产业发展迅速，软硬件升级换代很快，我们立足于数字出版产业和学校实际，积极推动专业教学软硬件的升级换代，保障教育教学的需要。与实验室密切联系合作，保证软硬件配置适应专业教学的需要。其次是学校在实验室建设方面的投入保障水平。在这方面随着学校实验室结构和设备的更新，数字出版物创编的实践实习条件也在不断改善。在此基础上，我们推动授课教师的学习、提高，实现教学相长，通过引进青年教师和校内单位人员流动的方式，本课程组先后吸纳了 2 位学有专长、在数字媒体技术设计方面具有较高水准的青年教师加入教学团队，并承担一线教学任务。教学内容的更新也就有了坚实的保障。我们鼓励任课教师密切关注数字出版物创编方面的新动向、新成就，及时以新的研究成果补充或替代不完整的或陈旧落后的内容。

本课程通过研讨，结合本专业的课程设置，确定以任务实践引导教学的指导思想，以 Indesign 软件为主完成数字出版物创编的全流程。同时，结合实践环节提升学生数字出版物创编的技能，引导同学积极学习方正飞翔等软件，增加同学们的知识储备，使学生面对具体的数字出版物编辑加工更易上手，该课程的授课水平不断提高，授课效果逐步提升。

（二）改进教学方式

在《数字出版物创编》课程建设过程中，我们结合学生实际，不断改进教学形式，促进学生举一反三，不断提高数字出版物创编的技能。

1. 任务驱动模式实现仿真实践

基于建构主义学习理论，学生的学习活动必须与任务或问题相结合，通过创建真实的教学环境，让学生完成真实的任务，这就是任务驱动教学法。[2]学生在学习过程中充分发挥自己的主观能动性，激发学生学习的主动性，能够起到事半功倍的作用。在数字出版物创编过程中，老师提出具体的实践任务，要求学生在课程学习的过程中完成具体数字出版物的创作、编辑与生成全过程，通过机房构建与数字出版实际操作相似的学习环境，引导学生积极主动地完成数字出版物创编任务。通过任务驱动的方式，学生对于数字出版物创编的基本流程、技术和方式有了直观的认识和把握，通过生成数字出版物有效提升了学生的成就感和学习兴趣，学习效果也更为明显。任务驱动的教学方式，改不了传统的单向授课模式，同时为考核方式的变革打下了基础。

2. 加大实习实践学时的比重

为了真正提高学生数字出版物创编的具体操作技能，为将来从事数字出版实践打下坚实的基础，在任务驱动以任务引导教学的基础上，本课程还加大实践实习学时的比重，减少理论授课学时的比重。基于培养高素质、技能型专业人才的需要，本课程压缩了理论授课的时间，将理论授课时间压缩为8—10学时，其余时间均在机房授课，由授课教师通过具体任务引导学生学习软件操作，从事数字出版物创编实践。在机房授课，学生可以观摩老师的具体操作，实现自己的设计创意，师生之间、学生之间互相沟通交流，探讨具体数字出版物创编的方式方法，使学生"所见即所得"，有助于学生动手能力和创意思维的训练。

（三）革新课程考核方式

考核是教学工作中检查教学效果、巩固学生知识、改进教学工作、保证教学质量和督促教育目标实现的重要手段。在更新教学内容和改进教学方式的同时，本课程组也积极推动考核方式的革新。通过课程考核方式的革新，强化对学生数字出版物创编技能的考核，强化该课程的实践导向，为培养应用型人才服务。

1. 以数字出版物创编成果作为考核依据

为了适应应用型人才培养的需要，本课程的考核方式也不断改革，考核内容侧重于考查学生应用课堂所学数字出版物创编的知识创作和编辑生成数字出版物的能力，而识记性的基础知识则不是考核重点。《数字出版物创编》作为实践性较强的课程，以完成具体数字出版物等方式进行考核，也就是以数字出版物创编成果作为考核依据。老师们在布置数字出版物创编方面的平时作业基础上，提出数字出版物创编的期末考核任务，该任务要求同学完成一个具体的数字出版物创作、编辑与生成,最终提交数字出版物作为考核依据。任课教师通过对该数字出版物的内容、形式、媒体类型等方面综合评定给出学生成绩,老师的评阅过程也随之实现了数字化,这种考核方式适应了数字出版产业对人才培养的需求,有利于学生实践技能的提高。

2. 推动"以赛带练"实现考核方式多样化

按照"以赛带练"的思路,学生在《数字出版物创编》课程上完成了优秀作品后,指导老师推荐同学参加各类学科竞赛,并努力争取获奖。数字出版专业学生积极参与学校以及其他组织举办的各项实践竞赛活动并获得可观的成绩,学生们参与这些竞赛,不但与数字出版业界保持密切联系和沟通,还强化了与兄弟院校的交流,学生也从中获取了宝贵的经验。通过"以赛带练",推进了学生数字出版物创编技能的提升,强化了学以致用的学习理念。

这种"以赛带练"的教学方法成果显著,极大的锻炼了学生的动手能力,同时也为考核方式多样化提供了新的契机。获得的各种奖项,可以作为学生学习效果评估的基础,在推动学生不拘一格成才的基础上,也为深化考核方式革新提供了新的空间。

三、《数字出版物创编》课程建设的效果分析

通过推进《数字出版物创编》课程建设,参与其中的师生都受益很大,最关键的是我们人才培养质量不断提升,学生的专业兴趣和专业素质也上了一个新台阶。

（一）组建了较为稳定的课程教学团队

通过课程建设，本课程已组建了较为稳定的课程教学团队，可以承担数字出版专业及编辑出版学专业的《数字出版物创编》教学，还为研究生课程提供教学师资。我们引进青年教师和校内单位人员流动并重，吸纳了2位青年教师加入课程组，这两位青年教师长于数字出版物创编，通过他们的教学与研究，我校《数字出版物创编》教学已承担起专业教育和社会服务的职能。目前本课程教学团队基本稳定，共有2名教授和2名讲师，团队结构合理，成员沟通顺畅，为提高教学水平打下了基础。

（二）课程教学水平不断提高

通过课程建设，本课程教学水平不断提高。任课教师在更新教学内容、革新教学方式和考核方式方面的努力得到了学生的认可。在历次学生评教过程中，本课程组评教分数名列前茅。在课程组老师的共同努力下，2014年数字出版物创编被评为校级优秀课，数字出版物创编教学团队取得了较突出的成绩。下阶段，我们将继续围绕课程建设不懈努力，争取取得更好的成绩。

（三）学生实践技能不断提升

通过《数字出版物创编》课程的学习，学生实践技能不断提升，在参与的各相关技能竞赛中成绩突出。2012年，数字出版专业一共有5

组学生获得第二届全国网络编辑技能竞赛活动的奖项。其中，2009级黄嘉屾、许佳、梁雯曦、王凡《城记》获得最佳创意奖，2009级贾琼、肖敏《秦之声》获得最佳文本编辑奖，2010级肖倩、周玥《世界印象》获得优秀数字媒体编辑奖，2009级郭无暇、热娜古丽《悦读时代》获得最佳创意奖，2009级周岩蕾、张瑶、周艳《诸子百家》获得一等奖。数字出版专业2013级学生娄婧、彭雨晴、李雅琪的APP电子书《长安街建筑色彩》在2015年5月首届两岸四校APP电子书邀请赛获得金奖。数字出版专业2012级学生徐亚彤、姚源的人文类电子书作品《且听府巷》《胭脂粉黛丝九城》在2015年7月北京印刷学院第九届大学生科技节科技作品展中获得校级二等奖。数字出版12级学生彭雨滢、黄思婕影视广告获得中国大学生广告艺术节学院奖优秀奖及入围奖等。与此同时，袁萱、肖倩两位老师获得"第一届两岸电子书创作邀请赛"优秀指导教师奖。通过参与各类大赛，学生能主动地应用数字出版物创编专业理论知识，锻炼实践动手能力，培养并积累实战作业的经验，而且也使一些企业用人单位，特别是赞助大赛的各知名企业及媒体机构，通过学生的作品较早地认知到我专业的培养特色，了解到学生的实践运作能力，为学生就业夯实了基础。

《数字出版物创编》的课程建设，目前只是迈出了小小的一步。成绩是可喜的，但我们的差距也是很明显的。我们目前还需要继续厘清思路，加强教材建设，推动课程的网络化，提高课程教学的现代化水平。瞻望前程，任重道远，我们将不断努力，持续推动教育教学水平的提高，为培养更多的高水平数字出版专业人才而奋斗。

参考文献

[1] 魏玉山：2014—2015中国数字出版产业年度报告［EB/OL］. http：//

www.chuban.cc/cbsd/201507/t20150715_168554.html,2015-07-15.

［2］徐肇杰.任务驱动教学法与项目教学法之比较［J］.教育与职业,2008(11):36-37.

第二篇
国外数字出版教育研究

中英出版专业硕士研究生教育的比较研究[*]

何 妍 叶 新[**]

摘 要：本文采用文献法和访谈法，结合笔者在英国学习进修的经历以及国内的教学和出版工作经验，从培养目标、学制、课程设置、教学方式、师资等方面对中英出版专业硕士研究生教育进行比较研究，从中借鉴英国在出版专业教育中的一些先进理念和方法，希望对我国出版专业研究生教育的发展有所促进。

英国是最早意识到出版知识是能够传授的国家，曾经颁发了世界上第一个出版学学位。英国现有12所大学开办出版专业教育，其中有9所提供出版专业研究生教育课程。本文采用文献法和访谈法，分别对英国9所和我国12所设有出版专业研究生教育的大学进行了资料分析；作者利用在英国斯特灵大学留学的机会，对出版教育工作者进行了深度

---

[*] 本文原载《出版发行研究》2009年第7期。
[**] 作者简介：何妍，时为北京印刷学院传播学专业研究生；叶新，北京印刷学院新闻出版学院教授。

采访,并根据这些资料和笔者在国内长期的教学、出版工作经验,从教育理念、课程设置、教学方式、师资等方面对中英出版专业硕士研究生教育(以下简称出版研究生教育)进行比较研究。

一、培养目标比较

出版学在英国是一门应用性很强的学科,9所大学开设多种规格和不同要求的研究生课程,其中授课式课程(taught course)侧重培养学生解决实际问题的能力以及综合素质,研究式课程(research course)侧重培养学生独立研读与研究的能力。虽然不同课程的研究生培养目标略有不同,但都特别注重专业能力的培养,培养的目标是具有振兴出版和解决实际问题才能的实用型人才。如英国斯特灵大学出版研究生的培养目标是"通过教学,能够提高学生实际工作的能力,以及工作中的灵活性、自我管理能力、创造力和想象力"。为了达到这样的培养目标,英国的出版研究生教育从教学理念到教学方法,从课程设置到师资配备,都非常注重实际效果。比如斯特灵大学就开有两种硕士班,因材施教。一种是"出版学硕士"(M. Litt. in Publishing Studies),秋季入学,面对大学本科毕业生和其他想进入出版行业工作的人员开设,培养的是一般从业人员。另一种是"国际出版管理硕士"(M. Sc. in International Publishing Management),面向出版业从业4年以上的出版管理人员,帮助他们完成从业务骨干到高级管理人才的转化,培养的是出版项目经理人、策划编辑等。

相比而言,我国现阶段出版研究生教育能够取得各方认同的培养目标还没有形成。出版教育同出版实践之间还存在反差,一些矛盾问题仍没有得到解决,如学生知识面的专与博的矛盾,或者说"专家"与"杂家"取向的矛盾;"学"与"术"的矛盾,即学术型人才与应用型人才培养之间的矛盾等。与这些矛盾相对应的是两种不同的研究生培养思路:一种强调培养综合性人才,认为出版专业的硕士研究生阶段,应该培养既能从事编辑出版发行管理,又能从事教学与科研的高层次人才,还要懂"文史哲政经法",了解"数理化天地生"。另一种思路是培养专门化人才,强调特色化、专业化,认为社会对人才的需求是多样化的,是有分工的,人不可能成为全才。其实这两种观点并不矛盾,都有一定道理。我国现代出版集团由事业单位改成企业之后,面临着新兴的图书市场和读者群,迫切需要能够适应数字时代出版产业发展要求和适应新兴市场需求的新型人才。学校和教师应鼓励研究生在学好编辑出版专业课程的同时,选修或辅修其他专业课程,扩大知识面,提高文化修养和综合素质,成为既有专业知识,又懂出版的复合型人才。

二、学制比较

英国的出版研究生教育按照学习方式不同,可分为全日制和兼读制。全日制教育为一年学制,兼读制为两年。以伦敦城市大学为例,该校的全日制出版研究生课程,从时间来说是整整12个月,一般是9月底到10月初入学,结束的时间是第二年的9月底。整个学习过程分为两个阶段,第一个阶段是9个月的课程学习阶段(含假期),第二个阶段是三个月的论文写作阶段。除了颁发硕士文凭的研究生课程需要念全日制一年或兼读制两年以外,还有颁发研究生文凭的课程,学制是6至9个月,不要求写论文;颁发研究生证书的课程,学制为3至6个月,也不要求写论文。英国这种短时快捷的学位制度,受到了本国以及其他国家留学生的欢迎,"高强度"的特点对攻读该学位的学生的自觉性、献身精神提出了很高的要求。

  我国的硕士研究生学制一般为三年，出版研究生教育也是如此，其中一年半至两年为课程学习时间，一年至一年半为硕士学位论文写作时间。由于出版研究生教育起步较晚，长期以来过于注重学术性和理论修养，要求学生具备相当的教学、科研能力，但是随着教学科研类人才的日趋饱和，以及出版体制改革对应用型人才的需求，我国出版研究生教育的功能应当重新定位，进行全面的研究生培养模式改革，包括学制和具体的教育内容改革，如：将学术研究上移到博士教育阶段，缩短研究生培养年限，调整不合理的撰写论文要求，重新设计研究生课程体系以及培养方案等。另外，过长的学习年限造成了资源和人才的浪费，显然不利于加入WTO后的中国研究生教育在国际舞台上的竞争，因此学制亟待改革。可喜的是，北京大学和中国人民大学等高校已率先在学制方面做出改革实验，从2004年起，北京大学硕士研究生两年就毕业，指导教师以两年为准制定培养方案和计划。这是我国在学制方面加快与国际研究生教育接轨的可贵探索。

三、课程设置比较

  英国大学出版研究生教育的课程设置以市场需求为导向，充分考虑行业的需求，设置比较完备的关于编辑、市场营销和图书制作的核心配套教学和课程方案，内容涉及出版业务、管理、版权、著作权法、合同和分销等。在编辑课程中，学生学习如何用以市场为导向的方法，选择值得出版的书。在市场营销课程中，学生们学习如何制订市场营销计划，如何选择和评估市场路线，如何制定预算，如何分析与收入相关的成本等。课程后期，学生将研究和撰写出版课题论文。

例如，牛津布鲁克斯大学牛津出版研究中心出版专业硕士研究生课程分为四个方向，包括出版硕士、国际出版硕士、出版与语言硕士、欧洲出版硕士。其中出版硕士方向开设时间最长，相对也最为成熟。其课程每年会随着出版业界的需要和讲师的情况适当调整，但核心课程一般不变。2009年最新出版硕士方向的课程设置共计12门，其中必修课程有出版设计与制作、编辑管理、出版营销管理、新选题开发，课程结束要提交15000字的论文或项目报告书；选修课程有儿童读物出版、数字出版、电子出版、出版史与出版文化、期刊出版、国际出版管理、版权管理、独立研究。斯特灵大学的国际出版管理硕士课程，全部采用哈佛商学院的案例教学方式，在一年的时间里通过五到六个重点案例，对出版业的组织管理、资源管理、财务管理、知识产权战略进行全面的研究学习。这些案例注重鲜活性，紧跟出版业的最新动态，一般一个案例只用两年就淘汰。毕业论文则综合案例所学，针对某个出版机构的发展战略提出自己的解决方案。

另外，英国课程设置还有一个显著的特点就是注重理论结合实际，为学生提供多种多样的经验课程。英国的大学一般与业界保持着很好的沟通和合作。出版界能够为学校开辟多种学生实习与就业的途径，比如没有报酬的课间和假期实习；有报酬的出版和销售兼职；提供承担项目、参加图书博览会的机会；允许学生旁听编辑和营销会议；为学生提供奖学金；成立小组为课程发展提供咨询，等等，以期让学生能够有机会真正了解出版工作，包括编辑、市场营销、图书制作和版权等一系列过程。

在我国现有的出版研究生教育办学点中，由于挂靠专业不同，因而不同高校的课程设置也各不相同。以新闻传播学内容为主的课程挂靠在"新闻传播学"一级学科下，如中国传媒大学新闻传播学院，在新闻传播学硕士点开设的主要课程有新闻理论报刊理论和实践、中国新闻史、中国广播电视史、新闻业务、广告学、媒介经营管理、新闻理论、传播心理基础理论、传播心理应用研究、传播心理测量与研究等。以出版发行学的内容为主的课程挂靠在"图书馆、情报与档案管理"一级学科下，如武汉大学信息管理学院出版科学系为研究生开设的主要课程有出版发行基础理论、出版物市场与营销、出版企业管理理论、编辑理论与实务、出版法制、版权理论及版权贸易、中国出版史、出版物对外贸易、国外书业、书业财务管理理论、书业物流的组织与管理、书业计算机技术与应用等。

可以看出，我国出版专业研究生的课程设置主要以专业基础知识和理论知识为主，实践课程和操作类课程很薄弱。这样的课程设置与英国相比，我们学生的理论知识显然会更扎实，而实践能力、动手能力和创新能力方面就欠缺不少。这样的核心课程构建并不适应"大出版""大传播"的行业发展趋势。因此，在今后的教学实践中应该打破学科界限，注意学科融合，加强优势互补。第一，在核心课程设置中应该做到理论课与实践课并重，加强实践环节；第二，增加相关学科如新闻学、传播学等课程的内容介绍；第三，加强文史知识等基本素质培养的课程；第四，课程设置应该由业界、学界、管理部门共同商讨，充分利用教育资源，突出办学特色。

四、教学方式比较

英国的出版教育将实用主义作为基本教育理念。在此理念指导下，出版研究生教育在教学方式上很讲究教学过程中的教学互动。教师很注意学生的反应和要求，不断调节自己的表述重点；同时准备充分的案例，以及自己的从业文字资料，让学生有依据思考，特别是给出工作情景，请学生分组讨论，提供自己的工作思路与建议方案，再由教师和学生评议，做补充和纠正。斯特灵大学的国际出版硕士班实行案例教学，大约每3到4周一个案例，学生分成两组进行研究，每组5到6人。教授指出案例的研究主题，学生则在小组长的带领下分头进行资料搜索、观点提炼，教授随时给以答疑，纠正偏差。到最后一周，每组写出演讲稿，做出课件，进行现场演讲和答辩。每个小组成员最后还得递交自己的商业报告，以便教师匿名评审和打分。

英国的授课方式也灵活多样，有讲座、研讨会、小型讲习班、一对一辅导等，每个学生在课程顾问的帮助下，确定自己的研究项目和论文主题。同时注重学生的能力培养，提供体验式学习。在课程学习期间，学校一般会安排学生进行几次专业参观，比如到连锁书店参观，了解书的销售和定价运作；到出版公司的仓储基地参观，了解书业的物流管理等。学校在培养学生的过程中非常重视具有实践意义的教育方式，有的学校如斯特灵大学甚至有自己的机房实验室，出版学硕士班的学生可以自己动手制作图书。当然，这种培养方式也存在不足之处。由于这种教学过于强调学生的主体性，比较适合已经在业界有过一定经验的人学习，如果完全是业务经历空白的学生，恐怕难以适应。

反观我国，长期以来在课堂教学中，以"教师为中心"，"满堂灌""填鸭式"的教学方法比较普遍，教师比较偏重传授理论知识，不太注意结合案例指导学生综合分析、解决问题；学生只是被动接受，没有很多可以充分展示自己的机会，积极性、主动性不能充分调动起来；研究生在入学之初即选定研究方向和导师，每门课程都有固定教材，导致学生的专业面过窄、基础知识准备不足，动手能力、实践能力和创新能力都受到不同程度的限制，不能适应数字时代出版业发展的需要。

数字时代，编辑工作的触角已经伸向出版工作的前端和后端，编辑工作已介入作者的创作和图书的营销过程；而发行工作也要求发行人员既懂书又懂市场。这就要求教师的教学方式也必须跟上时代的步伐，切实转变观念，要"以学生为中心"，采用互动式、启发式教学，教给学生学习和研究的方法，注重讲授理解知识要点的思路和整体把握知识的技巧。在教学方式上要加强实践环节，增加实务体验分量，其中，硕士研究生在出版发行行业实习的时间应达到6个月至1年，但由于目前有些学校硕士研究生实行2—3年的弹性学制，对于两年制毕业的硕士研究生，在出版发行行业实习的时间就受到限制，因此，通过"做出版"来"学出版"，在"做中学"是一种较好的培养方式。对于3年制毕业的硕士研究生，实习6个月至1年的时间是可以保证的。这样，既有助于学生了解出版发行业务，学到解决实际问题的知识，还可以寻找到符合实际需要的研究课题，培养出来的研究生也符合出版行业对毕业生"应该具有实践经验"的要求，能够同出版产业发展需求较好地呼应起来。

五、师资比较

在师资上，英国各大学所聘请的教师绝大多数是有着丰富的从事编辑出版第一线工作经验的教师，他们大多是成功的出版人士，能够洞察并亲历出版业的最新发展。如斯特灵大学出版研究中心主任安德鲁·威特克罗夫特（Andrew Wheatcroft）教授，曾经做过魏登菲尔德和尼克尔森出版社（Weidenfeld & Nicholson）两个公司的学术出版物编辑部主任，是劳特利奇与开根·保罗出版公司（Routledge & Kegan Paul Ltd.）出版公司的资深编辑，还是中国出版集团的顾问。其他的校外师资包括培生集团的版权总监林内特·欧文等。英国出版师资跟业内保持非常密切的联系，比如在本届伦敦书展期间，牛津布鲁克斯大学国际出版研究中心的老师就牵头组织了多个研讨会，包括"印度儿童出版业""世界儿童出版业""出版业与出版自由"等。

此外，在英国的出版教育界，大部分高校都有一个专业委员会（顾问委员会），这个专业委员会并非挂名性质，而是拥有实际决策权，如有权决定开设什么课程等。比如，牛津布鲁克斯大学的国际出版研究中心的"行业顾问委员会"，由出版企业德高望重的高层领导、专家、资深编辑、著名作家等十几位业内人士组成。该委员会的成员及中心的教师每年都会举行两三次座谈会来深入讨论出版界的真正需要，并且经常邀请有经验的出版商前来给学生授课，也为出版专业学生的就业和专业的发展提供咨询和帮助，对完成培养学生的目标起到了积极的推动作用。

当然，英国出版研究生教育的师资配备也存在一些缺陷，其一，由于各高校固定的教学人员偏少，而学生的规模偏大，在教育成本相对降低的同时，也对课程的稳定和学生的学习（特别是初级阶段的学习）造成困扰。其二，理论的研究有利于提升教学的品质，而英国出版教育的研究人员队伍比较薄弱和不稳定，对教育的专业性和质量的提高带来了不利的影响。

我国的研究生师资与英国相比，有两个显著的特点，一是教师队伍相对固定，每位导师指导几名研究生进行学习研究，保证了学生学习的连贯性和系统性。二是教师的专业化程度总体较低，但理论修养较高，但是与出版实际和出版界有些隔膜。虽然北京大学、清华大学、南京大学、武汉大学、河南大学、北京印刷学院等高校的出版研究生教育经过十多年的发展，已经形成了一定的规模，具有了一定的影响，导师素质较高，能够胜任出版学研究生的培养工作！但是、总体来看，专业化程度较高、能够兼顾专业学术机制与市场机制的研究生导师还很匮乏。

导师的素质和学术水平直接关系到研究生的培养质量，因此，应注重教师队伍的建设，一方面有计划、有目的地培养一批具有编辑出版学硕士学位或博士学位，既懂编辑出版理论，又熟悉编、印、发业务的高水平的师资队伍；另一方面，采取"走出去、请进来"的办法，提高现有师资队伍的教学水平。"走出去"即选派一些教师到编辑出版部门挂职工作一段时间，在实际工作中熟悉编辑出版业务，了解编辑出版动态，结合典型案例开展教学活动，从而成为编辑出版理论与实践结合的专家；也可选派一些教师和研究人员到国外相关院校或研究机构进行学术交流或培训，了解国际出版动态，成为双语教学或中外出版比较类课程的专家。"请进来"即聘请全国有较深学术造诣的编辑出版专家到校讲授编辑出版研究成果，或者聘请国外编辑出版专家来校进行学术交流，共同提高编辑出版的教学水平。

结语

目前，我国出版业正在进行体制、机制方面的重大变革，专业化和商业化程度越来越高，"走出去"参与国际竞争的趋势已不可避免，数字化技术等也对出版业形成了巨大的挑战，因此行业对人才的需求日趋多样化，原来出版社只需要单一的编辑人才，而现在则需要大量的策划编辑、项目出版人、版权贸易人员等。如何为我国出版业提供更多适销对路的高级专门人才，是出版教育界面临的重大问题。我国出版教育界可以在发挥自身优势的基础上，借鉴英国出版教育的一些优点。依笔者所见，两年制的出版专业硕士是今后的一个主要培养方向，那么我们在培养目标、学制年限、课程设置、教学方式、师资配备等方面都要进行重大的改革，实现"数量规模型"向"质量效益型"的根本转变。

参考文献

[1] 罗紫初. 中外高校出版类专业课程设置比较. 出版发行研究，1999（4）.

[2] 吴平. 数字化环境下的编辑出版学教育. 出版发行研究，2001（2）.

[3] 李文邦. 我国编辑出版专业研究生课程设置现状及对策研究. 湖南师范大学教育科学学报，2008（5）.

[4] 黄先蓉. 关于我国出版学研究生教育的几个问题. 出版发行研究，2007（1）.

[5] 吴启迪. 积极推动编辑出版学专业教育持续健康地发展. 中国编辑，2004（6）.

[6] 邓雷仓. 反思编辑出版专业的尴尬. 出版发行研究，2005（11）.

[7] 北大调整研究生学习年限：硕士两年就毕业 [N]. 教育文摘周报，2003 - 10 - 01（2）.

[8] 英国教育出版协会网站：http：//ukape. org/index. html.

[9] 刘靖. 边干边学培养多层面人才——欧美出版教育模式比较. www. cbbr. com. cn/info_6804_1. htm.

[10] 陈丽菲. 英国出版教育掠影. www. epphome. com/shisheng/ShowArticle. asp？ArticleID = 16.

从德国高等教育看应用型本科院校人才培养[*]

刘超美 李晋尧 黄孝章 王晓林[**]

2008年10月31日—11月21日,北京印刷学院业务骨干培训团赴德国接受了为期3周的培训。期间,培训团相继访问了慕尼黑大学、慕尼黑应用科技大学、雷根斯堡大学等高校和海德堡印刷机械股份有限公司、贝塔斯曼公司等著名企业以及巴伐利亚印刷媒体培训中心等职业培训机构,对德国高等教育尤其是高等印刷教育以及印刷职业教育的"双轨制"有了切身的体会,同时也对德国印刷设备制造业有了进一步了解。

一、德国高等教育概况

1. 德国高校的构成情况

德国高等教育素来以历史悠久、治学严谨、理论联系实际而闻名于

---

[*] 本文原载《北京教育》2010年2月总第522期。
[**] 作者简介:刘超美,时任北京印刷学院党委副书记;李晋尧,北京印刷学院机械工程学院教授;黄孝章,北京印刷学院经济管理学院教授;王晓林,北京印刷学院新媒体学院党委书记。

世，不少高等教育机构有着数百年的历史。目前，德国共有高校391所，其中90%以上为公立，这些高校可分为3类：实施学术教育和工程教育的综合大学、实施应用技术教育的应用技术大学（相当于我国的应用型本科院校）和职业学院。开设印刷工程及印刷机设计制造专业的高校主要有慕尼黑大学、慕尼黑应用技术大学、斯图加特传媒大学等。从中不难看出：在德国，印刷工程作为应用型学科，其高等教育主要在慕尼黑应用技术大学完成。

2. 德国高校的行政管理体系

在高校管理上，德国联邦政府负责宏观协调，由州政府有关部门直接管理，高校经费除联邦政府财政拨款外，主要来自州财政资助。高校内部组织结构由3级构成：最基层为研究所（相当于我国的教研室），通常由一名教授任负责人，拥有决定课程设置、讲授内容以及考试评价的权力；第二级为系或学院，主要负责各学科课程的总体安排和向政府推荐教授候选人的工作；最高一级为校务委员会，包括校长、副校长等。

3. 德国高校的师资管理体系

德国高校的教师聘用制度规范严格。青年教师一般要在取得博士学位以后，有5年以上的职业实践（其中至少3年是在校外），才能参加大学教授资格考试，合格者可以取得大学教授资格。取得大学教授资格后，一旦某所高校有空缺的教授职位时，就可以向州政府教育部门申请应聘该教授职位，经批准后，就成为正式教授。德国高校工程技术领域里的教授必须有相当丰富的企业工作经验，如慕尼黑应用科技大学要求任职教授必须具备 5 年以上的企业工作经历。

4. 德国高校的课程设置特点

德国高校实行"宽口径"课程设置和完全学分制，不同的专业有不同的学分规定。大学的学习分为两个阶段：一是基础课程学习阶段，需要 2—3 年时间，学习以拓展知识面为主。在这一阶段学生取得足够的学分后，可参加中间阶段考试，只有中间阶段考试通过的学生才能进入下一阶段学习。二是专业课程学习阶段。进入专业阶段学习后，学生可根据自己的兴趣选择不同专业模块。

德国高校课程设置非常注重实践环节。毕业生普遍受到企业界欢迎的主要原因是高校的课程设置非常注重实践环节，注重学生实际动手能力的培养。在高校培养方案中，实践环节占到 1/4 甚至 1/3 的比例。在校期间的课程大都将理论与实践紧密结合，以培养大学生的实践能力。高校提供给学生较多实习课时，让学生到工厂或公司去实习并取得实习合格证书。如慕尼黑应用科技大学规定，第 5 学期学生都必须在企业实习。实习中，学校要求学生尽量联系并应用在学校学过的理论知识，为确保学生实习的表现和质量与教学要求相一致，学校还制定并实施了详细的实习计划和评价程序。

二、德国高等印刷教育与职业教育"双轨制"对印刷设备制造业的支撑

"德国制造"享誉全球，德国的印刷机制造业更是世界领先，3 大印刷机制造企业（海德堡、曼罗兰、高宝）的总产值占世界市场的 40%。海德堡印刷机械股份有限公司 2006 年的产值为 38 亿欧元，超过

我国印刷机制造企业的总产值。德国印刷机制造技术之所以能长期保持国际领先地位，主要源于以下 4 点：

1. 注重技术的不断创新

德国具有创新的传统，国际上许多重大印刷技术创新大多起源于德国。如 1436 年，德国人发明铅活字，被《纽约时报》评为千年对人类社会发展和文明影响最大的十大发明之一，是近代印刷技术发展的鼻祖；1814 年，高宝公司创始人科尼希（Friedrich Koenig）发明蒸汽动力印刷机；1995 年，海德堡印刷机械股份有限公司在全球首次推出计算机直接制版技术等。德国印刷机制造业在国际上的统治地位基于它的创新能力。它把信息和通讯技术知识用于印刷技术的发展，建立了从数据输入到成品的数字化工艺流程。

2. 强大的行业协会和组织

强有力的行业协会与欧洲印刷机械制造委员会以及国外印刷协会建立了密切联系，协调企业之间关系，使其既竞争又联合，促进印刷技术发展及产品出口和国际合作。

3. 德国高等印刷教育对印刷机制造业的支撑

德国非常重视高等印刷教育和印刷人才的培训。1953 年，德国达姆斯塔特应用技术大学成立了印刷机及印刷技术学院，为印刷机工业培养设计者和开发者，成为德国印刷工业的教育和研究基地。1953 年，凯姆尼兹应用技术大学成立了机械工程学院，印刷机制造成为专业培养方向。1999 年，达姆斯塔特应用技术大学成立了印刷媒体学院。目前，德国印刷机研究协会的研究课题主要由达姆斯塔特应用技术大学和凯姆尼兹应用技术大学承担。

4. "双轨制"机制下培养出了大量熟练产业工人

德国"双轨制"教育理念中的"双轨",意指理论与实践相结合、思维与动手相结合、学校与企业相结合。德国"双轨制"教育理念注重生产第一线实际操作技能的培养。在"双轨制"教育体制下,由于学生在特定的工作环境中学习,使得学生和企业有了更多的交流机会,大大提升了学生毕业后就业的机会。

德国职业教育"双轨制"为印刷行业的人才培养奠定了重要基础。以巴伐利亚印刷媒体培训中心的培养方式为例,学生在中学毕业以后,若想进入印刷行业工作,可先到相关印刷企业签订学徒合同,再到巴伐利亚印刷媒体培训中心报到,开始3年的印刷课程学习。在这期间,学生会在印刷媒体培训中心学习到与印刷相关的基础知识、专业理论知识和其他必修的文化科目,而每周大约只有1天的时间是在中心学习,其他4天均要到所签订合同的企业进行实践学习。毕业考试的内容由印刷行业协会和培训中心共同确定。

三、启示与思考

1. 牢固树立"特色就是优势"的意识,坚持走特色办学之路

在培训过程中我们了解到,德国高校不论大小,都对自己的特色、定位非常清楚,不趋同也不盲目攀比。北京印刷学院是一所以印刷出版为特色的普通高校。学校牢牢把握并紧密贴近国家经济社会发

展和首都产业结构调整的媒体与传播业发展的基本脉搏,对学校的办学思路、办学定位、办学特色、办学目标、办学重点等进一步审视和谋划,积极优化学科专业结构,打造学科专业特色和"工科与文科结合、艺术与科技结合、理论与实践结合"的人才培养模式特色,取得了明显成效。今后,学校还应该不断强化"特色就是优势""特色就是核心竞争力"的意识,继续坚持走"人才强院、特色兴院"之路。

2. 加强学生实践能力培养,是提高人才培养质量的重要环节

重视实践过程、重视能力培养、重视方法训练、强调独立工作能力和实际动手能力是德国高等教育的一大特点。长期以来,我国高等教育的培养模式是理论至上,实践教学环节相对薄弱。实践教学是大学教育培养计划中与理论教学相联系又独立于理论教学的一个重要组成部分。实践能力的培养不应附属于理论教学,而是培养学生实际能力和解决问题能力的一种必不可少的途径。

3. 积极促进对外交流合作,增强学校办学实力

德国高校非常重视对外交流与合作,这种交流与合作对学校的发展起着十分重要的作用。加强同国外高校之间的交流与合作是学校提高教学科研水平和教育国际化水平的一条重要途径。有鉴于此,我们一方面要积极开拓渠道,为师生"走出去"提供更多参与国际交流与合作的机会;另一方面也要积极"引进来",通过邀请国际同行业知名学者来校讲学、讲座等多种方式,增进交流、开拓视野,扩大学校在国内外、行业内外的影响,促进学校办学水平的进一步提高。

德国双元制教育模式对我国数字出版人才培养的启示*

陈 丹 周 红**

一、德国双元制教育模式简介

目前，德国作为世界上经济和科学最发达的国家之一，支撑其经济迅猛发展的力量主要归功于德国人长期以来积淀下来的文化素质和德国发达的教育体系。在该体系中，无论是在中学教育中的职业中学，还是在高等教育中的专科大学或职业学院，双元制教育模式都非常流行，被公认为是最核心的武器，是促成该国强盛的关键所在。

所谓双元制，就是学校和企业共同协作完成对学生职业能力培养的一种职业教育模式，是一种以"职业能力的培养"为本位、以"为未

---

* 本文原载《科技与出版》2010 年第 12 期。
** 作者简介：陈丹，北京印刷学院新闻出版学院执行院长、教授；周红，时为北京印刷学院传播学专业研究生。

来工作而学习"为目标、以"职业活动的开展"为核心的教育模式。

"双元制"的"一元"为学校，另"一元"为企业。学校与企业相结合，理论与实践相结合是德国"双元制"人才培养模式的主要特征。具体表现在以下几个方面：职业技能的培训和专业理论知识的教学是交叉进行的；教师有两类，一类是实训教师，基本上由企业的员工承担，还有一类就是职业学校的理论教师，学生一方面与企业签订具有法律效力的职业培训合同，培训期间其身份为企业的"学徒"，另一方面在职业学校就读时其身份又是"学生"；学生必须通过企业的技能考试和职业学校的理论考试。

二、双元制教育模式对我国数字出版教育的启示

1. 教学模式创新[1]

(1)"双证制"培养模式

即学生在学习期间按照学校的教育计划，毕业时拿到学校发给的毕业证书，同时，鼓励学生在校期间就参加诸如"出版专业职业资格考试"、"网络编辑资格考试"、计算机等级考试等的培训及考试鉴定。这样，不但提高了学生岗位能力、职业能力和创新意识，增强了人才培养的职业性和竞争力，也减少了企业对毕业生上岗前的二次培训，实现了人才培养与社会职业岗位的接轨。

(2)"订单式"培养模式

高校可以和相关出版企业或数字出版机构建立校企合作的长效机

制，根据企业实际情况和需求，为其量体裁衣，"个性化定制"数字出版人才。这样既增强了人才培养的针对性、适用性、实效性和创新性，在更好地满足企业需要的同时，也促进了毕业生充分就业，实现了人才培养与就业的零距离对接。

（3）"3+1"培养模式

即学生3年在校内学习，1年在企业实习实训，学校和企业共同承担人才培养任务。例如北京印刷学院数字出版专业在教育教学实践中就实行了这种"3+1"的培养模式，学院与多家著名数字出版企业建立了合作关系，学生在学校学习的最后一年，根据企业的实际需要，安排学生到相关的实际岗位进行实践学习，期间学校与企业单位共同安排和监督学生的实习内容与计划。

（4）"产学研一体化"培养模式

就是学校与企业紧密结合，以科研部门参与为基础，努力促进教育、人才、科研产业互动式发展，积极探索知识、能力和素质协调发展的人才培养模式。北京印刷学院在数字出版专业建设中，推行了"产学研一体化"的人才培养模式。他们效仿研究生培养模式，实行本科层面的"导师制"：选择部分具有丰富教学经验和较强科研能力的专业教师，鼓励其结合自己的科研课题，有组织、有计划地引导学生开展各种形式的科研活动；并在导师的辅导下，通过参加各种形式的科研活动，提升学生的科研创新能力；同时，注意将相关研究成果运用于今后的教学实践中，并注重开发与推广。

2. 教学内容、教学方法创新

（1）将最新科研成果及时转化为教育资源

德国"双元制"教育使高校能紧密跟上企业生产的发展和科学技术的进步。数字出版是门新兴产业，发展迅速，教学内容与科研成果不断出新，应把这些成果及时体现到教育中来，转化为教育资源。采用双元制教育模式是保证数字出版教学内容不断更新的重要途径。

（2）以"实用本位"思想来组织课程

有学者认为，德国"双元制"职业教育是"一种以实用为本位的课程模式"[2]，其目标是学生就业和直接走上生产岗位。我们可以借鉴德国"双元制"以实用本位来设计课程的做法，对我国数字出版教育相关课程进行改造，即从传统的以学科课程为主体的课程模式，转向以项目课程或任务引领型课程为主体的课程模式。[3] 课程结构设计上，基础课、专业课和专业实践课三个阶段依次展开，其中基础课主要在学校里进行，包括理论、文化和专业基础，以宽基础面为基点；专业课在学校和校内实习环节中穿插进行，以服务实践的需求为目的；专业实践课主要在企业内进行，重视针对性和实用性，重在实践能力的培训。课程围绕职业实践活动从泛到精、由浅入深开设。

（3）运用"行动导向法"设计教学活动

所谓行动导向，是指"由师生共同确定的行动产品（目标）来引导教学组织过程，学生通过主动和全面的学习，达到脑力劳动和体力劳动的统一"。它重点强调的是对学生综合职业能力的培养。这种教学方法在德国"双元制"职业教育中广泛使用。我们在开展数字出版教学活动中,可以采用"行动导向法"来设计教学活动。在理论教学中采用项目教学、案例教学、头脑风暴教学等方法,启发学生并组织讨论。在实践教学中,主要采用模拟教学法和示范教学法,让学生亲自动手参与各种实践环节,使学生逐步了解"做什么、怎样做、为什么这样做"。

3. 教师知识结构与队伍结构的更新

德国政府规定,要获得专科大学或高等职业技术学院任教的资格,除了相应的学历学位、岗位职称资格以外,还必须3—5年在高校外的技术、工程或管理领域的职业经历。这也是德国"双元制"教育模式顺利实施的人力和智力资源保障。目前我国数字出版教育教学过程中,建设一支"素质良好、结构合理、特色鲜明、相对稳定"的教师队伍,已经成为各高校的迫切需要。可通过以下两个途径予以解决。

(1) 对外引进

首先,按照开放性和职业性的内在要求,改变"唯学历论"的人才引进观念和单一从高校应届毕业生中引进人才的渠道;面向社会,特别是从相关企业行业引进有第一线工作经历,实践经验丰富,且有较好组织表达能力,符合高职教师任职条件的中青年技术和管理人才,促进专任教师队伍结构的优化。

另外,还可按照"为我所用而不为我所有"的思路,积极聘请数字出版业界知名的管理人员、学者或技术人员来校担任兼职教师,建立比较稳定的兼职教师人才库；通过定期举办学术讲座与座谈会、开设相关研究生课程以及合作带研究生、共同开展科研课题等方式，加强他们与学校专任教师之间的交流，使学校教师能及时了解行业的发展动态，从而迅速更新知识结构。

（2）对内培训

首先，鼓励现有教师结合自己实际情况进行自主培训，如到校外做访问学者或参加短期课程培训等，更新自己的知识结构，适应相关教学需要。其次，还可组织选派专任教师到对口合作企业进行专业实践锻炼、观摩学习，与合作企业共同研发新产品、新工艺及新技术，不断拓新视野和观念。第三，通过政策引导和加强宣传，帮助专业教师正确认识专业实践的重要性，激发他们成为"双师素质"教师的内在愿望，加大数字出版教学队伍中双师型教师的比例。最后，建立一套科学合理的教师培养、培训、进修、深造和考核制度，并不断予以充实、改进，长期坚持。

4. 办学主体多元化

在德国"双元制"教育模式中，教学主体包括学校、企业和行业协会，实现办学主体多元化，这对我们也具有一定的启示。

首先，必须高度重视并充分发挥企业在数字出版人才培养中的作用。企业作为高校培养的"产品"的接收者，与高校一同成为办学的主体。他们可以参与高校相关的课程开发，有权对教学内容的选取、课程的安排、培养方案的实施等发表建议，甚至根据企业的实际需求，开展定制、定向培养。此外，企业要承担高校数字出版的实践和培训工作,并提供相关的实践场所和培训教师。作为回报,他们可以优先选取能够"下得去、用得上、留得住、上手快、干得好"的学生。

另外,还要充分利用行业协会的作用。德国"双元制"的课程评价是通过行业协会对学生进行考试考核的方式实现的。我们在数字出版教育过程中,也要加强与行业协会的联系,在教学和职业培训等方面自觉接受其指导。例如,积极参与编写相关行业协会组织推荐的教材;组织学生参加相关的职业资格培训和考试,共同举办相关会议等。通过行业协会提供的平台,组织、联络产、学、研、管各方力量,这对学校的发展,特别是新兴的数字出版专业十分有益。

5. 培养规格多元化

德国"双元制"教育模式除了运用在职业或专科中学中,还广泛运用于专科大学或职业学院,其培养的对象包括职业或技术中学的学生、专业的工程师等不同类型和规格的实践型人才。这种多规格的培养模式也十分值得我们在数字出版人才培养中借鉴。根据目前各高校的培养能力和社会需求,除了加大高职和本科层次数字出版人才的培养,还可以考虑不同形式的研究生数字出版人才的培养模式。

(1) 专业学位研究生

2010年年初,国务院学位委员会审批通过新增包括出版专业硕士在内的19种硕士专业学位。我们可以在出版硕士的课程设置中充分强调教学的实践性,反映出版实践领域对专门人才的知识与素质要求,注重分析能力和创造性解决实际问题能力的培养。要重视运用团队学习、案例分析、现场研究、模拟训练等方法。专业学位研究生在学习期间,必须保证不少于半年的实践教学，学校还要通过吸纳和使用社会资源，建立多种形式的实践基地，加大实践环节的学时和学分比例。

（2）在职研究生

各校可以根据自己的办学资源，开设在职研究生班，招收具有一定工作经验并正在出版业界工作的人员进行研究生课程的研修。在学习期间，可以借鉴"双元制"教学模式，充分利用学生所在单位的资源，结合其工作实践，设计安排相关课程内容和实践环节，使学生在理论知识得到补充的同时，职业能力也有所提高。

（3）保留资格研究生

部分高校可以根据自己的情况，鼓励优秀本科生毕业后保留研究生入学资格，带着问题或课题到相关企业去工作实习，经过1—2年的实际锻炼，再回到学校继续深造。学生经过"本科学习+企业实践+研究生学习"这样双元环境的锻炼，研究能力和职业能力都将得到提高，这种模式可以看成是"双元制"教育模式在研究生教育中的一种运用。

参考文献

[1] 尹家明、杨国祥. 对创新性突用型人才内涵及其培养理念与模式的探析[J]. 镇江高专学报，2004（10）.

[2] 方舟. 德国"双元制"职业教育[J]. 教育与职业，2005（31）.

[3] 亓俊国、庞学光. 德国"双元制"职业教育内涵的多维度分析[J]. 教育发展研究，2008（11）.

试析美国杂志出版本科教育[*]

叶 新 后宗瑶[**]

摘 要：美国几乎没有像样的图书出版专业，杂志出版专业更是寥寥无几，这些领域在美国属于新闻传播高等教育的延伸，但雪城大学和德雷克大学的杂志出版本科教育却办得风生水起。通过对这两所大学杂志出版本科教育的分析，笔者认为，我国有实力的高校，完全可以开设杂志出版专业或者杂志媒体专业，紧跟国内外杂志出版行业的数字化和产业化发展趋势，办出规模和特色。

与英国相比，美国出版高等教育不是很发达。就本科阶段而言，美国几乎没有像样的图书出版专业，杂志出版专业更是寥寥无几，这些领域在美国属于新闻传播高等教育的延伸。其中值得一提的是雪城大学和

---

[*] 本文原载《出版广角》2015年第15期。基金项目：北京印刷学院校级重点教改项目"英美高校出版本科专业人才培养模式研究"的阶段成果。

[**] 作者简介：叶新，北京印刷学院新闻出版学院教授；后宗瑶，时为北京印刷学院传播学专业硕士研究生。

德雷克大学的杂志出版本科教育。

一、美国出版本科专业开设状况

通过对《美国新闻与世界报道》2015 年美国大学排名前 200 名高校本科阶段出版专业教育的资料搜索和分析得知，美国极少有大学开设出版本科专业。仅有雪城大学（Syracuse University）一家开设专门的出版本科专业，算是凤毛麟角。其他大学更多开设的是关于编辑出版的课程，主要和新闻报刊有关。以排名第 41 位的波士顿大学（Boston University）为例，其传播学院新闻专业开设的课程就涉及杂志出版，如专栏写作课（Fecture Writing，学习如何为杂志、报刊撰写特定要求的文稿）、新闻杂志课（学习评判杂志的质量以及编辑技巧）、杂志研讨课（学生团队合作，探究学习编辑、设计、出版等能力）、多平台故事编辑（目的在于锻炼学生的多平台编辑能力，例如为 YouTube 视频撰写题目和简短介绍）、杂志写作课以及网络杂志课，等等。

同时，通过对美国相关资料研究发现，涉及出版相关内容的课程大多属于新闻专业的开设范围。如排名第 103 位的内布拉斯加州立大学林肯分校的新闻与大众传播学院新闻专业开设了编辑理论课和编辑实务课；排名第 129 位的阿肯色大学威廉·富布赖特艺术与科学学院的新闻专业开设了编辑课、专栏写作课、杂志写作课、杂志编辑和出版课，等等。

另外，排名 200 名之外的德雷克大学（Drake University）也与雪城大学一样开设了本科杂志媒体专业。但是这所大学排名不高，因此影响力有限。

可以说，在本科阶段，美国大学有关出版方面的教育基本上未形成专业学科化教育，而是夹杂在其他诸如新闻传播学相关专业的教育中。这主要因为杂志特别是时政新闻类杂志偏向新闻，因此，新闻专业可以包括杂志方面的课程或者杂志专业方向。与杂志出版相比，图书出版虽然同属出版领域，但运作模式截然不同，需要更丰富的人文学科或者理工科基础。因此，美国图书出版教育一般不在本科阶段开展，而倾向研究生阶段教育，如纽约大学的出版研究中心即是如此。

二、美国出版专业本科教育的特点

就雪城大学、德雷克大学这有限的几所开设出版本科教育的高校来说，他们都倾向于杂志出版教育，与其说与图书出版教育接近，不如说与新闻传播教育更契合。因此，美国出版本科教育模式呈现出以下特点。

1. 注重杂志出版教育

美国出版本科教育倾向于杂志出版专业方向，是新闻传播教育的延伸。也就是说，除了报纸新闻、电视新闻、广告、公共关系等专业方向，还设置了一个杂志出版专业方向。这些专业方向有着共同的专业基础课程或者课程平台。

比如，雪城大学的杂志出版专业设有14门核心课程，分别是：（1）大众传播实用语法（Practical Grammar for Public Communications）；（2）新闻传播与社会（Communications and Society）；（3）多媒体报道（Multimedia Storytelling）；（4）多样性与媒介专题（Diversity and Media Issues）；（5）新闻传播法（Communications Law for Journalists）；（6）图形设计导论（Introduction to Graphic Design）；（7）杂志编辑、伦理与经营

导论（An Introduction：Editorial，Ethics，and the Business of Magazine）；(8) 杂志应用写作（Magazine Article Writing）；(9) 杂志编辑（Magazine Editing）(10) 新闻写作（News Writing）；(11) 报道（Reporting）；(12) 写作组合（Writing Portfolio）；(13) 创刊号：如何创办杂志（FIRST ISSUE：Starting a Magazine）；(14) 网页新闻与创新（Web Journalism and Innovation）。

再比如，德雷克大学杂志媒体专业设有16门核心课程，分别如下：(1) 全球社会中的大众媒体（Mass Media in a Global Society）；(2) 多媒体实验室（Multimedia Lab）；(3) 专业基础工作坊（Pre-professional Workshop）；(4) 传播行业经营原理（Financial Fundamentals for the Communication Professionals）；(5) 报道与写作原理（Reporting and Writing Principles）；(6) 数字策略（Digital Strategies）；(7) 视觉传达概论（Introduction to Visual Communication）；(8) 新闻摄影摄像（Video for Journalists）；(9) 美国政治体系（American Political Systems）；(10) 社会学（Sociology）；(11) 印刷媒体编辑（Print Media Editing）；(12) 杂志专业写作（Magazine Staff Writing）；(13) 网页设计（Web Page Design）；(14) 传播法规与伦理（Communications Law and Ethics）；(15) 杂志出版（Magazine Publishing）；(16) 专题写作（Feature Writing）。

雪城大学和德雷克大学开设的出版本科教育，前者是杂志出版专业，后者是杂志媒体专业。其杂志出版教育模式呈现明显的专业化（指向某一个具体的出版领域）和精细化特征。两者都明显地指向了杂志出版行业。2009年，美国杂志出版商协会将协会名称改为"美国杂志媒体协会"，意思是同一杂志内容，多种媒体传播。而德雷克大学将原来的杂志出版专业郑重改名为杂志媒体专业，也体现了同样的意思。

虽然在核心课程的数量和内容上，雪城大学和德雷克大学有所不同，但是，两者无一例外地开设了写作课程。雪城大学的杂志出版专业设有杂志应用写作课程，德雷克大学的杂志媒体专业开设了杂志专业写作课以及专栏写作课。那些未设置出版本科专业的大学，也同样开设写作相关课程，可见美国大学在出版本科教育方面尤为重视写作技能教育。

2. 重视实践和实习

美国的出版本科教育充分考虑到出版作为应用性学科的特点，十分重视出版实践和实习，很好地做到了理论与实践相结合。学校在办学过程中注重直观教学和模拟教学，为学生提供实习机会，使学生在身临其境的实践中增强才干。

雪城大学的教学方法非常符合实际。其通过理论课和实践课配套的方法，让学生及时实践学习到的理论，让理论在实践过程中被学生消化。如核心课程"杂志编辑、伦理和经营导论""杂志编辑""创刊号：如何创办杂志"三者就能产生很好的配套学习效果。

德雷克大学同样十分重视实践和实习。学校在本科出版教育过程中专门设置了实践课程，硬性规定了社会实践的任务。其核心课程中有专业研讨班、多媒体实验室以及网页设计课程，目的在于促使学生主动进行杂志的设计、编辑、生产和营销，让他们亲身参与杂志编辑运作的整个过程，帮助学生把课堂知识运用到实际中。德雷克大学校内设有国家认可的学生职业新闻工作者协会分会，学生可以自由加入。除此之外，德雷克大学利用自身的代表性刊物和广播电视台给学生提供实践机会，还利用其强大的校友网络帮助学生在纽约、芝加哥、华盛顿特区以及其他地区找到夏季实习的机会。比如，美国著名杂志出版公司梅里迪思公司（Meredith Company）的总部和德雷克大学同处艾奥瓦州首府得梅因，这家公司为德雷克大学的杂志出版专业设立了一个学徒项目，给学生们提供培训和实习的机会。

3. 聘请业界人士担任教师

美国的本科出版教育对教师的要求很高，一般要求应征者有过实际的出版业工作经验，或者直接聘请出版业内知名人士做兼职教授，以确保他们能够传授给学生实用的知识和技能。

德雷克大学在聘请教师方面坚持这样的原则，从其现有的教师队伍可见一斑。比如杂志媒体专业的副教授凯瑟琳·M. 斯陶布（Catherine M. Staub）是教育学博士，同时也是一家新闻杂志社的主编。凯瑟琳在杂志出版方面拥有极其丰富的实践经验，非常了解杂志出版行业的实际状况。她这种从业经历能够让学生对杂志出版行业的发展有最切合实际的认知。其助理教授杰夫·茵曼（Jeff Inman）是一名自由娱乐专栏作家，为《拉斯维加斯城市生活》（*Las Vegas CityLife*）、《滚石》（*Rolling Stone*）和《公告牌》（*Billboard*）等杂志撰稿。该大学新闻传播学院原副院长兼杂志出版系主任帕特丽夏·普里加特尔（Patricia Prijatel），是梅里迪斯杂志研究中心（Meredith Center for Magazine Studies）新闻学特别教授。她不仅擅长杂志出版研究，而且有着丰富的相关行业从业经验，是典型的双师型教授。她讲授的课程包括杂志历史、杂志策划、电脑辅助设计和杂志实习等。

雪城大学杂志专业也同样如此。以其中三名教师为例：梅丽莎·切瑟尔（Melissa Chessher）教授在杂志行业有超过 20 年的从业经历，她既是一位作家又是一个编辑，现在仍兼任多家杂志的编辑，同时也是多家杂志的专栏作家；助理教授哈蕾·布朗特（Harriet Brown）有将近 30

年的从业经历，同样既是作家又是编辑；助理教授爱莲·盖拉赫（Aileen Gallagher）曾是《纽约杂志》电子版的资深编辑，也是2010年詹姆斯·比尔德奖（James beard Award）的入围者。

4. 有强大的杂志出版公司做后盾

雪城大学和德雷克大学有明显的共同点，即与美国杂志出版大公司有着密切的联系。雪城大学的新闻传播学院以士毅·纽豪斯（S. I. Newhouse）的名字命名，即士毅·纽豪斯大众传播学院（S. I. Newhouse School of Public Communications），它是美国创办最早的新闻传播学院。士毅·纽豪斯是美国报刊大鳄前锋出版公司（Advance Publications）的掌舵人，其旗下的康泰纳仕杂志出版公司（Condé NastPublications Inc.）拥有《纽约客》（*New Yorker*）、《时尚》（*Vogue*）、《名利场》（*Vanity Fair*）等大牌杂志。

德雷克大学和梅里迪斯公司同处一地。梅里迪斯公司拥有《美好家园》（*Better Homes and Gardens*）、《妇女家庭杂志》（*Ladies' Home Journal*）等名牌杂志，给了德雷克大学的杂志出版专业很大的支持——比如上文提到的梅里迪斯杂志研究中心的学徒项目。1999年，帕特丽夏·普里加特尔曾与他人合著《杂志产业》（*Magazine From Cover to Cover*），这本书2006年再版，当时的梅里迪斯公司总裁威廉·科尔特为之作序，书中的许多例子就来源于梅里迪斯公司及其旗下的杂志。

行业和院校的紧密结合使得这两所大学的杂志出版专业办得风生水起。

三、美国出版本科教育给我国的启示

20世纪80年代至今,我国出版本科教育日益完善,有出版本科专业的高校已达80余所,取得了极大的成功,但仍然存在一些不足之处,有待进一步完善。本文将美国出版本科教育给我国的启示归纳为以下几点。

首先,要注重理论与实践的结合。我国出版本科教育虽然也注意到了理论结合实践,但很多时候还是重理论轻实践,或者理论与实践的比重把握不当;实践往往流于形式,学生很难得到真正的锻炼,造成他们眼高手低。出版是一个应用性极强的专业,学校应在课程设置和实际教学中大力倾向实践,同时积极给学生提供实习机会,让学生及时将所学理论运用到实践中。

其次,加强出版教育机构与出版企业的联系与合作。学校应主动寻找出版企业合作,为学生搭建实践平台。从出版业发展历史以及可预测的发展方向看,出版业所需要的人才既要基础知识扎实,有深厚的理论功底,又要经验丰富,有较强的实践操作能力。理论和实践两手都要抓,两手都要硬。因此,为了满足行业需求,进一步做到理论结合实践,学校应积极搭建与出版企业有效沟通的桥梁,方便学生进入企业实习。

再次,优化师资结构。国内高校应该学习美国大学的做法,聘请出版业内人士做兼职教师。除此之外,为了进一步优化师资结构,也可以邀请、聘任出版企业的资深编辑和成功管理者等专业人士进行讲学、任教。这些专业人士工作在出版业第一线,有着丰富的实践经验,对出版业有直观和深刻的认识,他们的授课可以让学生了解出版业最前沿的发展状况。行业人士可能缺乏完善的学科观点,也可能缺少讲课技巧,这种情况下,在校老师可以为他们精心设计讲课内容和授课方式,以达到更好的授课效果。

最后,注重杂志出版教育。我国大多数本科出版专业更注重图书出版教育。出版社的规模比较大,用人机会也比较多,因此,各高校与出版社的联系非常密切。我国的杂志社规模一般比较小,用人机会也较少。许多高校的出版专业很少设有杂志出版课程,大多合并到相关课程中。如能像美国的雪城大学和德雷克大学一样,针对杂志出版设置一组4至5门的课程,使其与图书出版、数字出版并列,相信有不少的学生会感兴趣,学生就业也能有较强的指向性。

我国已有80多所高校设置编辑出版学专业或者数字出版专业,但是大多学校的专业教学计划千篇一律,创新性不足。因此,笔者认为,某些高校(如北京印刷学院等)办学历史悠久,教学师资充足,又有来自同属新闻出版学院的新闻系、广告系、网络与新媒体系、数字出版系的有力支撑,完全可以开设杂志出版专业或者杂志媒体专业,紧跟国内外杂志出版行业的数字化和产业化发展趋势,办出规模和特色,争取在国内众多高校中独树一帜。

本科学习人数下降　专业就业率提高[*]
英国出版本科教育概况

叶　新　张馨宇[**]

英国是最早发展出版高等教育的国家，也是世界上出版教育最发达的国家之一。经历了五十多年的发展，英国出版教育已经从初期非正规的单一行业培训模式演变为正规的高等教育培养模式，再到今天多元的人才培养形式，形成了一套较为成熟的人才教育体系，建立了以市场为导向的教学体系。本文主要从英国乃至国际出版人才需求的角度出发，对英国本科出版教育现状进行汇总。

一、新世纪对英国出版教育的挑战

进入 21 世纪以来，随着出版技术的发展，国际化的进一步推进和

---

[*] 本文原载《新华书目报》2016 年 5 月 16 日第 003 版。

[**] 作者简介：叶新，北京印刷学院新闻出版学院教授；张馨宇，时为北京印刷学院传播学专业硕士研究生。

全球化的到来，许多出版社为应对互联网环境下的市场威胁开始并购重组，同时为进入国际市场作准备。如国际大型出版公司兰登书屋（Random House）在全球拥有超过90家出版社，皮尔森（Pearson）、企鹅-普特南集团（Penguin and Putnam）分别对25家出版社进行并购，汤姆森国际出版集团（International Thomson）并购了250家公司。2004年，这些跨国大型出版社在世界图书市场中占据了约54%的图书销售额。而在2013年6月出版界传来的兰登书屋和企鹅集团的并购消息，着实震动了国际出版界，这是有史以来出版界最大的一次并购。虽然这些并购重组多发生在大型出版社，要么是强强联手，要么是以大吞小的模式，但不论出版社的规模大小，出版业在国际竞争急剧强化和数字技术的驱动下，对内外部格局规模调整的必然性，使对出版人才的选拔要求有了更高的标准。

出版社期望招收一专多能的国际型人才，也就是说，出版人才不仅要有很强的业务能力和专业知识，同时也要有管理和出版经济意识，以及全球化的视野。此外，数字技术的飞速发展下，出版形式及其内容也在不断更新，出版人还要对高新技术、出版相关的软件和技术支持平台所需的技能和知识不断学习。

就编辑人员而言，不但要精通文本编辑和文字创作的能力，还需要对出版管理、经济、国际出版市场有所了解。可以说，今天的出版业对人才的要求是与时俱进，随着技术的发展而不断调整的。行业的需要决定着高校人才培养的目标和侧重，也决定着教学方法和教学内容的制定和实施。作为与行业紧密联系的实践性课程，产学结合的治学方式是英国出版教育一直沿袭的方法。同时，作为创新产业中的中心环节，出版业以经济效益作为目标，其人才的培养也对国家经济有着重要贡献。

二、英国出版本科教育现状

笔者通过对英国大学官方课程数据（Official Course Data from Universities and Colleges，UNIST ATS）和英国全日制高等教育委员会（Admissions for Full-time UK Higher Education Courses，UCAS）提供的数据整理发现，英格兰地区的92所大学中，有9所大学开设本科阶段出版相关专业，共有48个出版专业课程，多为联合学位（Combined Course），学生需要同时学习两门专业以获得学位（详见图表）。另外，英国其他地区有2所大学开设相关专业：威尔士圣三一大卫大学（University of Wales Trinity SaintDavid）的"创意写作与出版"专业；格林多大学（Glyndwer University）的"设计：插画、图签小说和儿童出版"专业。

学校名称 类别	牛津布鲁克斯大学	伦敦艺术大学	巴斯斯巴大学	南安普顿索伦特大学	赫特福德大学	拉夫堡大学	诺威治艺术大学	普利茅斯大学	金士顿大学	密德萨斯大学
院系	艺术学院	传播学院	人文学院	写作与传播学院	人文学院	英语与戏剧	美术学院	人文学院	写作学院	电影媒体和英语
相关专业个数	13	1	9	1	10	2	1	1	9	1
专业	出版传媒	新闻杂志出版	出版学	出版学	媒体与出版	出版与英语	出版设计	英语与出版	出版学	出版与传媒
学时学制	3年全日制3—6年兼职	3年全日制	3年全日制联合学位必须与另一门专业同时学习	3年全日制	3年全日制;4年兼职;4年三明治(1年实习)	3年全日制	3年全日制	3年全日制	3年全日制联合或独立学位;6年兼职	3年全日制

（续表）

学校名称 类别	牛津布鲁克斯大学	伦敦艺术大学	巴斯斯巴大学	南安普顿索伦特大学	赫特福德大学	拉夫堡大学	诺威治艺术大学	普利茅斯大学	金士顿大学	密德萨斯大学
研究生课程	有	有	无	无	无	无	无	有	有	无
学生满意度	95%	62%	85%	67%	68%	84%	94%	86%	无	63%
就业率	90%	85%	80%	84%	无	90%	90%	89%	无	70%
就业去向专业和管理相关度	70%	60%	40%	67%	无	75%	64%	36%	无	50%
考核方式（课程任务为比例）	100%	100%	94%	89%	95%	82%	100%	89%	无	96%
授课时间比例（课堂,研讨会等）	20%	18%	26%	30%	19%	27%	37%	17%	无	28%

1. 专业学科属性介绍

出版专业根据各院校的侧重不同分布在相应院系和部门之下，主要分布在艺术院校、传播院校和人文院校中。根据所属院校的不同特点，课程内容也有所侧重。核心课程模块有编辑（Editorial）、文案写作和编辑（Copywriting and Editing）、现代出版（Contemporary Publishing）、数字出版（DigitalPublishing）、出版原理（Publishing Principals）等。

从 UNISTATS 提供的数据中看，出版专业的学生会花大部分时间进行独立学习，占学生总学习时间的 80%；最常用的考核方式是课程作业（Coursework），占总体测评方式的 90%，其中包括的考核内容有：写作、论文、报告、毕业论文、作品集（Profile）、项目（Project）等，基本不采取考试考核的方式；学生主要通过个人研究和小组合作的方式来完成各项考核任务。

2. 专业规模和学生属性

据有关数据显示，在 2012 到 2013 年期间，出版专业的整体入学人数为 1180 人，其中本科阶段第一学位有 490 人，以其他形式学习的有 170 人，还包括以第二学位、联合学位等方式学习的学生。

在本科生中只有 22% 的国际学生，他们的年龄普遍较小（不到 21 岁的占 67%），大多以全日制形式攻读，人数占 94%，女性占"77%"。4% 的学生学习"三明治"课程（在大学四年中，学生自由选择一年出国留学，或者到企业实习）。

从整体来看，英国出版教育在近 10 年来的发展趋于培养硕士研究生出版人才。本科阶段学习人数在 10 年间大幅缩减，下降了一半之多，而研究生阶段人数却翻了一番。这在很大程度上要归功于学校对国际学生招收数量的增多。由于教育在英国是国家的重要支柱产业，为创造更多价值，各院校通过各种方式吸引资金。而由于英国研究生的学制只有 1 年，教学周期较短，学校对师资和教学设备的投入不需太大就可开设课程。从经济角度来说，这无疑是各院校非常理想的发展项目。

3. 师资配备

教师以全职、兼职、短期合同制、小时制和客座讲师等多元化队伍构成。通过据英国高等教育统计局（HESA）数据显示，每个专业平均有 5—6.6 名教师，全职员工 4.3 人。兼职老师的授课方式较多样，可以选择每年定期集中讲授课程或在一段时间内讲授课程。而不论是全职还是兼职老师，都在出版行业有工作经验或同时在行业中工作。

4. 专业就业率

出版专业的本科毕业生比其他专业的毕业生更容易就业。英国96个专业的平均就业率为69%，而出版专业的毕业生在毕业6个月后有83%在不同岗位找到工作。其中，有5所大学的出版专业毕业生有超过90%的就业率。然而毕业生的就业方向较为多样，从事出版和管理相关工作的比例依各学校专业的侧重有所不同，如牛津布鲁克斯大学作为老牌出版专业院校，在行业中有很多共享资源和很高声望，因此学生在毕业后较为容易进入相关领域，约有70%的毕业生进入了出版相关领域工作。

综上所述，英国出版高等教育在整个高等教育中所占比重较小，研究生出版教育发展迅速，本科专业开办院校逐渐缩减。但从世界范围而言，特别是与美国比较来看，英国已然成为世界范围内出版本科教育最发达的国家之一，其办学经验值得我们去观摩和学习。

第三篇
数字出版人才培养

产业链瓶颈迁移与出版人才培养模式创新*

张志林　陈　丹　包韫慧**

出版教育是出版业发展所需人才培养的主要途径，出版教育发展水平影响出版业人才需求与发展。近年来，出版教育得到快速发展，据统计，国内现有131所高校设置了出版人才培养相关的专业，覆盖博士、硕士研究生，双学位，本科生与专科生等各个教育层次，每年的毕业生近万人，是出版业发展所需人力资源的重要来源。本文通过出版产业链瓶颈迁移反映出的对出版教育的需求变化，重点讨论占主要培养层次的本科出版人才培养视野与培养模式创新问题。

一、出版传播产业链的构成特点

出版是一种信息传播活动。狭义的出版是指书报刊出版物的编辑、

---

* 本文原载《编辑之友》2006 年第 2 期。

** 作者简介：张志林，北京印刷学院新闻出版学院教授；陈丹，北京印刷学院新闻出版学院执行院长、教授；包韫慧，北京印刷学院新闻出版学院副教授。

印刷和发行；广义的出版还包括了录音、录像以及其他图像媒介出版物的编辑、印刷、制作和传播。在批量化出版中，出版传播始于对作品信息的采集，更体现为编辑、印制、发行环节相互联系的产业分工行为，它们之间存在着互相联系、相互依存的关系。作品是建立出版传播关系的必要条件。采集、选择原始作品，经过编辑加工、复制发行，使公众获得的过程构成现实的出版生产力，是出版物生产流通的充分必要条件，出版活动产业链构成如图1所示。

图1　出版传播活动过程

2001年国务院颁发的《出版管理条例》界定出版是包括了编辑、复制（印刷）和发行等方面工作在内的活动过程。出版传播活动的社会性表明，出版传播涉及编辑、印制、发行等产业领域的技术和制度变迁，要受到社会发展水平的制约，因此会出现产业链瓶颈阶段性转移的特点。

二、对出版产业链的理解影响出版教育指导观

对出版产业链的理解，反映了市场经济成熟度在人才培养指导思想上的差异。出版业发展涉及第二产业中的加工制造、第三产业中的物流业与信息服务业（亦被称为内容产业、信息资源产业）；在学科上则横跨了文学、工学、经济学、管理学、法学等学科门类。随着科学技术的进步和社会经济整体水平的提高，对出版人才的需求有着极大的市场成长性。但在出版概念的理解上）西方国家侧重于知识信息的公布与扩

散,我国则偏重于知识信息的编辑与制作,这种差异体现在出版教育的指导观上,形成了两种不同的思路。

长期以来,我国劳动力市场发育不充分,人才培养指导观上实施的是"专才培养"指导观,将人才培养锁定在流程中的某个具体环节,不考虑开发人才的综合能力。在西方国家则是一种"通才培养"指导观,注重培养学生的信息能力、经济意识、沟通技能,出版人才是一种掌握出版产业链上各领域知识、精通环节知识技能的复合型人才。

进入21世纪,出版体制改革正在推向深入,对人才培养的需求也随之发生变化。市场营销、经营管理、版权贸易、资本运作、品牌营销等理论与实务课程纷纷进入大学课堂,案例教学、情景模拟、实践教学、系统仿真等新的培养方式在人才培养中的比例逐步加大。实践证明,我国出版人才培养观的转变与出版产业链瓶颈迁移具有很强的关联性,反映了出版业发展的历史轨迹。

三、产业链瓶颈迁移反映了出版业市场化进程的内在规律性

新中国成立以来,尤其是改革开放27年来,出版业从单纯的宣传教育事业发展成为文化事业和国民经济中的重要产业。据业内人士估计,全行业现有从业人员超过500万人,2004年我国出版业销售额达2000亿元,在全国39个经济门类中利润排名第5位。我国出版生产力的发展表明,出版传播活动不能脱离时代的社会发展水平。现仅以图书出版为考察对象,回溯出版产业链出现的瓶颈迁移特点。

以改革开放为考察起点,可以将1978—2004年的图书生产水平分

为三个发展阶段：一是以品种数量增长为特征的图书品种增长期（20世纪80—90年代）；二是以资源市场主导为特征的市场销售竞争期（20世纪90年代到20世纪末）；三是从20世纪开始，以出版单位改制为主要特征的出版企业化发展期（这个过程仍在进行之中），图2显示了1990—2004年我国图书生产的总量发展水平。

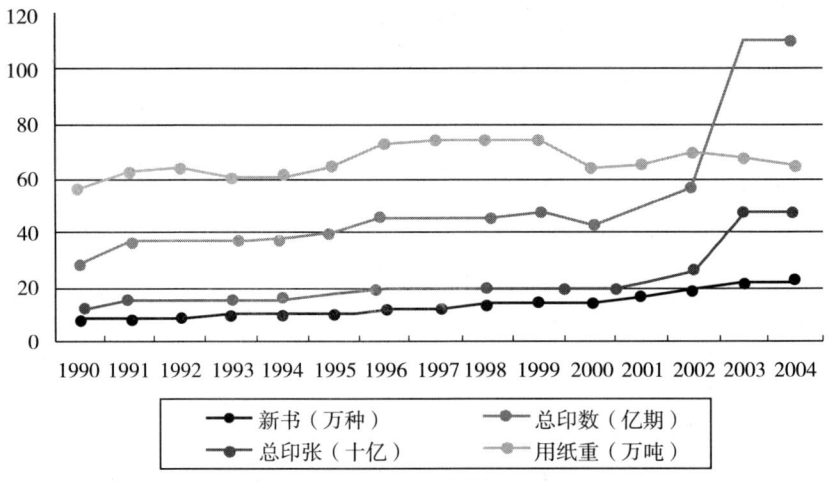

图2　1990—2004年图书生产总量发展水平

在不同的历史发展阶段，出版产业链的编、印、发生产流通环节表现出瓶颈迁移的变化特点。（1）20世纪80年代初期，出版物印刷复制环节生产能力严重不足，成为出版生产力发展的主要制约因素，随即国家采取相应措施提高印制能力，使印刷生产瓶颈逐渐得到缓解；（2）20世纪80年代中期开始，以图书品种需求迅速增长为特征，编辑加工环节成为出版产业链的主要制约环节。随着出版社数量迅速扩展，图书品种也迅速增长。1990年全国生产图书为80224种，到2000年跃升为143376种，品种增长了1.8倍，年均增长17.9%，反映了编辑加工能力不再是出版物生产能力的瓶颈；（3）20世纪90年代中期开始出现图书品种数持续上升但平均印数逐年递减的趋势。1990年平均印数为7.03万册，到2000年平均印数下降为3.5万册，平均品种印数下降1/2，年均下降5%。说明图书总印数的增长主要是靠图书品种增长的拉动，并且主要是靠图书新品种（或新版）的增长，出版物市场竞争日益加剧，图书销售发行成为出版产业链的主要制约环节；（4）进入21世纪以来，书业流通市场多元化格局基本形成，在WTO规则框架内，民营书业迅速崛起，并与外资一道由隐性渗透到政策公开允许其进入出版领域的印制、发行环节，形成市场体制的推动力量。这种局面带来国内书业市场的进一步优胜劣汰，降低成本、提高服务满意度为重点的经营管理成为关键环节。出版市场的竞争进入传统媒体与电子媒体融合、国际国内市场融合的更高层面（反映出我国出版业逐步与国际市场化进程接轨的内在规律。图书品种、总印数及平均印数关系比较见图3所示。

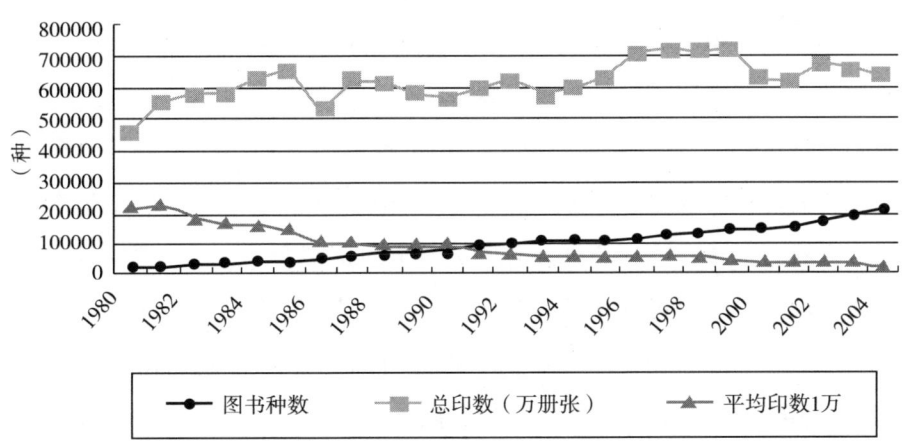

图3　1980—2004年图书品种、印数状况分析

四、出版人才培养体现与产业链瓶颈迁移关联的特点

学科建设是高等学校生存和发展的重心，是人才培养、科学研究和社会服务的基础。从北京印刷学院这种行业特性鲜明的高校发展来看，紧跟产业发展对人才培养类型的需求，人才培养才能更好地"适销对路"。出版业发展中表现出的产业链瓶颈迁移，造就了不同时期人才培养的显著特点。对应于印刷生产能力不足的瓶颈，出版教育首先从印刷企业所需人才培养入手，培养了数千名印刷企业需要的专门高级应用型人才；对应于出版社编辑加工领域需求增长的实际，20世纪90年代中期又设置了编辑出版学、设计艺术学等专业；对应于出版领域经营管理、信息化建设重要性日渐增强的需要，20世纪90年代后期进一步开辟了市场营销、广告、出版贸易、信息管理等专业，专业、学科建设与出版业对人才需求的发展关联度十分明显。

在我国，出版形态已经涵盖图书、报纸、期刊、音像制品、电子出版物和互联网出版物，甚至手机媒体也成为新型的出版载体，现在年出版图书超过20万种，成为名副其实的世界出版大国。由于信息技术对出版业全方位的渗透与改造，现阶段我国出版生产力发展和产业结构布局出现新的变化，产业发展瓶颈具有综合性、区域性、高技术性特点，不再表现为时间上某一环节的线性迁移，而是体现在生产力的最新发展需求与生产关系调整度让出的立体增长空间上。出版业发展对人才的需求进入多样性、复合型人才培养的新阶段。

五、出版产业发展呼唤创新人才培养模式

在出版产业链上，出版发行与印刷复制生产经营模式的差异主要是投入要素表现形式的差异，管理活动的表现方式亦有差异。印刷复制是一种订单加工服务，采用生产运作管理方式实施常规生产管理；出版发行的生产经营活动则不同，它很少或者不依赖流程化生产设备，典型的工作方式是利用网络化办公环境进行作者沟通、市场调查、选题策划、编辑加工、品牌营销、渠道扩展等，大量的是利用人脑的隐含知识和团队工作方式组织生产。随着出版生产力发展的需求变化和出版业关键环节瓶颈更替的轨迹，25 年来在出版人才的培养上，形成了关键技能型、设计创意型及经营管理型三种类型，分别面向印制、版式广告创意、发行及市场推广等工作岗位需求。随着出版产业发展的需要，还会增加相关的专业和专业面向，但围绕出版产业发展需求凝练学科方向，培养出版人才的理念和实践始终不会变。

从计划经济体制下的事业向市场经济体制下的企业转变，将是绝大多数出版社改革的必由之路。在计划经济体制时期，出版产业链上没有物流的概念，目前电子商务与现代物流呈现出全球化、多功能化、系统化、信息化和标准化的趋势，其核心是信息化。运用信息技术，出版物流打破运输环节独立于生产制作环节的行业界限，通过供应链建立对出版物产、供、销全过程的计划和控制，对传统物流进行整合优化，达到降低成本、提高经营管理水平的目的。

在国内出版物流通市场，各种类型的物流渠道建设方兴未艾，出版市场的竞争已经从单个出版企业走向出版物供应链之间的竞争，快速响应市场的渠道建设将是新的发展关键。出版社已不再满足传统的出版模

式，对出版生产要素中的人力资源提出了新的需求，对复合型通才教育提出呼唤。

六、复合型通才教育培养思路探析

我国加入世界贸易组织以来，出版市场的主体已突破传统出版单位的界限，民营书业和国外进入资本将与企业化的出版社同台竞争。在新的阶段，若没有快速响应市场的营销策划、资本运作、渠道建设等经营管理能力将成为出版业新的发展瓶颈。尽管我们在面向出版业的人才培养模式上不断探索，在课程设置、课程建设、课堂教学与实践环节等方面加大力度，但是总体上还是属于"教师主导"型的模式，师生互动关系不明显。因此，要重新思考专业设置的传统定式，鼓励学科交叉融合，探索跨学科跨专业领域的人才培养方向，进行跨学科人才培养专业及专业面向的条件建设与培养模式设计。

首先，构建综合硬件支撑环境。北京印刷学院与方正电子公司建立战略合作关系，在硬件条件上，率先在国内构建面向出版人才培养的内容创建、管理与发布的信息资源集成应用平台；形成按需制书、电子图书、流媒体编创等出版环境，实现跨媒体出版对技术环境的要求；其次，构建软件应用环境。根据出版传播研究中心建设规划，正在进行模拟仿真实验条件及"三库"（产业数据库、典型案例库、资料库）开发建设，逐步实现内容资源管理、报刊采编管理、广告管理、物流管理、财务管理以及情景模拟等教学实践环节配套的流程系统，大力加强教学实训环节建设，提高学生的动手能力和创新能力培养；第三，鼓励培养模式和专业及面向设置创新。在制度建设上形成学科交叉融合和专业课程体系创新的良好氛围和政策措施，鼓励教学改革和科研项目团队的开放融合，鼓励进行编印发一体化人才培养模式的探索，鼓励以灵活的方式选择人才进入出版传播研究领域。第四，跟踪并总结出版人才培养效果。加强人才市场需求变化调查，对人才培养模式创新进行跟踪总结和及时研讨，跟踪毕业生工作业绩及用人单位需求意见，发动全体教师参与院内外出版人才培养的学术交流与行业对话。这些硬件软件环境建设及培养模式的系统思考，将使面向 21 世纪的出版人才培养理论与实践上升到新的层面。

通过上述建设，跨学科交叉新专业及专业面的设计具备了物质条件与人员保障，如开拓学科交叉融合的数字出版、网络编辑、书业物流、出版项目管理、信息资源管理、版权经纪人等专业及专业面向，都是出版业发展急需的人才培养方向。跨学科专业人才的培养，在知识体系上更加强调案例分析教学、情景模拟教学、网络互动教学等现代教育理念与手段，强调团队的整体功能和综合知识的应用，从而变"教师主导"为"师生互动"的教育方式，更加贴近出版业发展对人才培养的新要求。

综上所述，出版业发展对本科人才需求已经从单一岗位型向综合应用型转变，出版产业实践呼唤出版人才培养观从"专才型"向"通才型"的转变，复合型、多样化通才培养结构是出版教育适应市场变化能动性的体现，这种人才观的转变与创新实践将给出版教育发展带来蓬勃生机。

参考文献

[1] 钱维民. 报业经营管理与信息技术的战略互动. 中国传媒科技，2004（4）.

[2] 胡建梅. 报业之争在于人才之争. 编辑之友，2004（增刊）.

［3］霍利·布兰蒂.美国出版业的教育培训.2004国际出版教育与产业发展研讨会,2004.

［4］罗紫初、严尚君.中外出版教育比较研究.2004国际出版教育与产业发展研讨会,2004.

［5］王立波、孟庆春.我国出版人才战略中的几个关节点论析.2004国际出版教育与产业发展研讨会,2004.

［6］孟广均、霍国庆等著.信息资源管理导论.北京:科学出版社,2004.

［7］何铭珂.电子商务与现代物流.北京:经济科学出版社,2002.

北京印刷学院数字出版人才培养探索[*]

陈 丹 张志林[**]

摘 要：以北京印刷学院数字出版专业建设中的探索与实践为例，对数字出版人才培养的背景与意义、目标与原则、定位与特色以及方向与模式等问题进行了探讨。

一、数字出版人才培养的背景与意义

数字出版一方面能够挖掘传统出版资源，延长印刷出版物的生命周期；另一方面能够创新、加工制作各种多媒体出版资源。数字出版产业的发展既包含了传统出版业的数字化，又包括了新兴数字媒体产业的崛起，极大地拓展了传统出版的价值空间。在出版业数字化转型的过程中，

---

[*] 本文原载《科技与出版》2010年第8期。

[**] 作者简介：陈丹，北京印刷学院新闻出版学院执行院长、教授；张志林，北京印刷学院新闻出版学院教授。

复合型数字出版人才严重缺乏,大力培养数字出版传播人才是文化市场发展对教育的呼唤。据新闻出版总署测算,我国现有网站 80 多万个,其中涉及出版内容的网站约为 1/4,从事网络编辑业务的人员约 60 万人。这个数字远远超过传统出版机构编辑队伍人数的五六倍。出版业的数字化转型和媒介融合给出版传播高等教育带来巨大的人才培养空间。

新闻出版总署于 2008 年公布了对全国图书出版社开展跨媒体出版情况的调研结果,其中各社对数字出版人才的需求情况如图 1 所示。从图中数据可以看出,出版社对技术研发、营销发行、管理、美编设计等各种类型的数字出版人才需求强烈。同时,数字出版对人的能力提出了更高的要求,这表现在:既要精通跨媒体出版物内容所属的专业,熟识出版知识,又能掌握特定出版环节的技巧,熟悉出版流程中其他环节的运作。

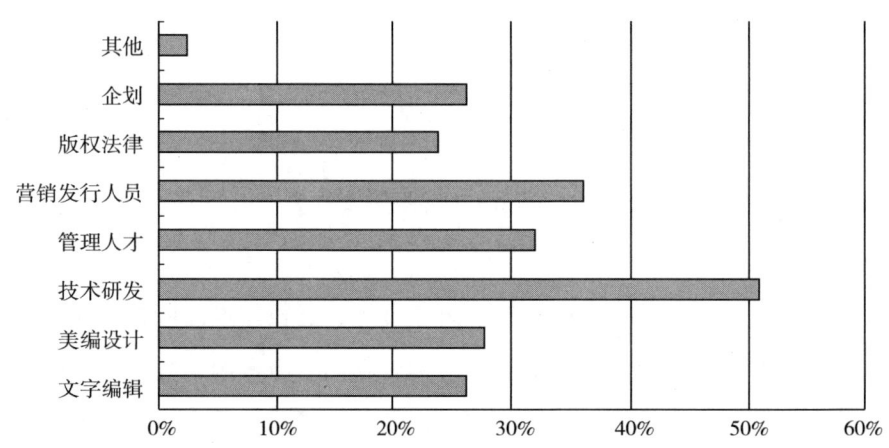

图 1 我国图书出版社对数字出版人才的需求情况

北京印刷学院在 2007 年 7 月,以出版传媒产业需求为导向,启动数字出版新专业申报,2008 年 2 月获得批准,开始面向全国招生。我校的传播学（数字出版）专业是国内第一批经过教育部批准设立的面向出版业发展转型、培养数字出版急需人才的专业。

二、数字出版人才培养的目标与原则

1. 数字出版人才培养目标

基于市场需求及行业发展背景，我们制定了数字出版人才培养目标：面向数字内容产业、主动适应国家文化、经济建设和社会发展对数字化人才的需要，培养具有现代科学文化艺术基本素养、掌握数字媒体素材编辑加工基本技术、具备数字媒体编辑出版传播技能，了解数字媒体产业运作规律的复合型高级专门人才。

2. 数字出版人才培养原则

（1）坚持适应首都的经济建设与社会发展需要，突出我校办学特色的原则——学校以"立足首都，服务全国"为办学宗旨，重点培养印刷、出版等传媒类行业发展需要的应用型高级专门人才；

（2）坚持实施因材施教、强化基础、多样化人才培养的原则——前期按学科大类实行大学科基础教育，后期实行宽口径专业教育和弹性化、个性化的选择性教育；

（3）坚持知识、能力、素质协调发展和综合提高的原则——把素质教育融入人才培养的全过程，加强人文教育、科学教育与专业教育三者的有机融合，开设结合专业的人才素质教育、职业道德素质和专业技能课程；

（4）坚持课程结构、课程内容的整体优化，课堂讲授学时适当压缩的原则——优化课程体系结构，避免课程内容交叉与重复，加大选修课程开设比例，推进弹性学习制度，构建适应分层教学、分类培养的"基础平台＋模块"课程体系；

（5）坚持加强实践教学，注重培养学生的创新精神和实践能力的原则——合理制定实践教学方案，完善实践教学体系。创造条件让学生及早参与科学研究和创新活动，培养学生创新精神和实践能力；

（6）坚持前瞻性、灵活性和适度稳定性的原则——要考虑学科专业的发展，要具有前瞻性、科学性和可行性，并要保持适度的稳定性以及在合理范围内的灵活性；要注意培养方案的开放性，为课程体系的进一步完善与教学内容的更新留有余地。

三、数字出版专业的定位与特色

1. 专业定位

根据现代传播的发展特点和学科建设的基本要求，我们认为，数字出版专业人才培养要构筑的主要核心能力包括：

- 对海量信息的发现能力；
- 对优质内容的策划与整合能力；
- 对数字内容的经营管理与运作能力；
- 对跨媒体出版技术的运用能力。

我们根据目前出版产业对数字人才的需求，结合自身的办学优势与特色，形成如下的专业定位：以数字技术为工具，以数字内容的创意表达为手段，以数字内容的开发与经营管理为重点，培养数字出版产业需要的数字媒体编辑专门人才。其中以内容信息的有效表达为核心，重点培养学生对数字内容的编辑、创意表达与运用的能力。

2. 专业特色

我们将我校数字出版专业的特色归纳为以下四个字：

"新"——数字出版专业是国内首批开设的。

"合"——该专业在学科、行业及知识面等方面实现了多层次的融合。第一是学科的融合，涉及传播学、编辑出版学、电子信息科学与技术等不同学科。第二是多种行业的融合，包括数字内容产业、新闻出版、广电影视及新媒体等多个行业。第三是理论与实践的融合。

"广"——首先，该专业就业面广。学生就业单位包括出版社、期刊社、报社、文化公司等各类传媒单位，网站、数字媒体公司等新媒体企业以及政府相关部门。其次，该专业对学生的知识面要求较广。学生在校期间，所学知识包括文科、工科以及艺术等多学科、多模块的内容。再次，本专业与业界联系广。本专业已与科研单位、出版社以及新媒体企业建立起了广泛的联系，正在探索合作办学模式。最后，本专业的学生来源广。我校数字出版专业目前是文理兼收，包括全国各地生源，学生知识结构及地缘的多元化，为我们培养不同方向及层次的数字出版人才提供了便利条件。

"特"——实行"3+1"的培养模式，即校内课时在前3年内结束，第4年组织学生到相关的数字出版企事业单位实习，把教与学、理论与实践充分融合在一起，实现了学习和就业的"零距离"接触。

四、数字出版人才培养的模式与方向

1. 培养模式

（1）以人文社科、法律素质教育以及出版专业基本素养教育为基础，培养学生大出版、大传播背景下的人文素养。

（2）以数字出版的信息技术基本知识及相关技术应用教育为特色，培养学生对信息系统和技术的应用技能。

（3）以数字内容的采集、汇聚、集成与有效表达能力训练为核心，培养学生对数字信息的抓取能力和知识表达的能力。

（4）以媒介经营、资本运作、管理沟通、运营服务能力训练为重点，培养学生对数字出版媒介经营管理的能力。

2. 培养方向

（1）数字内容创意与表达方向：培养学生从海量信息中发现、策划、编辑、整合数字出版物内容，并进行创意表达的能力。

（2）数字出版技术应用方向：培养学生对数字出版资源平台的建设和维护，掌握运用信息技术和跨媒体出版技术挖掘、集成并有效表达数字内容的能力。

（3）数字内容经营与推广方向：培养学生对数字出版物的市场推广、跨媒体营销以及对海量数字信息资源组织、管理和服务的能力。如图2所示。

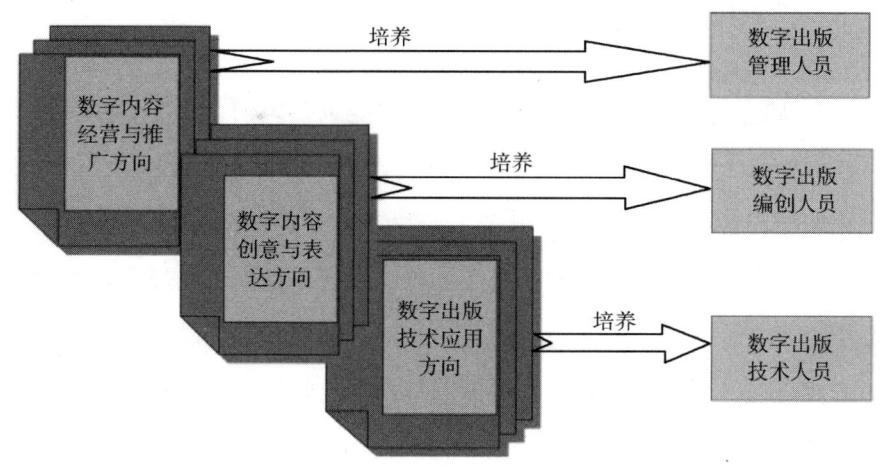

图 2　数字出版专业主要培养方向

五、探索

1. 调整课程结构体系，实现专业课程的"三增三减"

培养方案中进行课程模块的结构性调整，实现"三增三减"，即增加同类课程整合，减少碎片化倾向；增加教学实训课时，减少理论课时；增加校外实践学时，减少在校上课学时。

2. 建立数字出版工作室（研究所），凝聚研究方向，提升团队影响力

数字出版研究所作为一个开放的平台，可以组织多学科教师，以科研为纽带，形成研究梯队，跟踪国内外数字出版前沿，开展跨学科研究活动，进行学术交流。在机构上，实现室所合一、二位一体，共同支持

数字出版专业建设。

3. 加强与业界联系，建设数字出版实训基地群

与中国出版科学研究所共建"中国数字出版人才培养基地"；与中国出版集团数字传媒公司、电子工业出版社、方正阿帕比网络技术公司、中文在线以及国际版权交易中心等达成合作意向，已经或正在建立数字出版教育教学实践基地；此外，与同方知网、高等教育出版社、社科文献出版社、龙源国际、中鸿网略等单位，将进一步合作。

4. 实行本科"导师制"，带领并帮助学生开展各种形式的科研活动

效仿研究生培养模式，实行本科层面的"导师制"，选择部分具有丰富教学经验和较强科研能力的本专业教师，鼓励其结合自己的科研课题，有组织、有计划引导学生开展各种形式的科研活动。学生在导师的辅导下，通过参加科技、社会、社团、文体及各类学科专业竞赛等活动，提升自己的科研创新能力。

5. 借助各界力量开放办学，组织教学培训师资

我校每学期都安排相关的学术活动，集中邀请数字出版领域学界、业界著名专家、学者来校举办学术讲座，大大开阔了师生的视野，丰富了教学内容；我校还积极安排、组织学生到一些著名的数字出版企事业单位参观实习，让学生对数字出版相关流程及生产运作环境有一定的感性认识；此外，我校还借助各种渠道，与业界一批从事数字出版的专家、政府主管官员和新媒体从业者保持密切联系，随时了解并掌握数字出版业的发展动态，及时选派相关专业教师外出学习培训，以适应教学及科研需要。

6. 启动专业核心课程教材及教学资源库建设

我校已与高等教育出版社、中国传媒大学出版社合作，开发数字出版专业核心课程教材，"用数字出版方式制作数字出版教材"，进行特色专业教材建设；同时，结合课程建设及教材建设的需要，搭建数字出版教学资源库。

大力培养数字出版应用型人才[*]

陈 丹[**]

目前我国在传统出版及相关领域的人才培养方面已经涵盖了编、印、发等各个出版流程,包括大专、本科、科学硕士、专业硕士在内的普通教育培养体系,但在数字出版应用型人才培养上还存在问题,体现在人才培养层次偏低,培养类型较少以及人才知识结构与实践能力不足等。因此,大力培养应用型数字出版人才是适应出版业发展转型发展的必然选择。

根据现代传播的发展特点和学科建设的基本要求,我们认为,数字出版专业人才培养要构筑的主要核心能力包括:对海量信息的发现能力;对优质内容的策划与整合能力;对数字内容的经营管理与运作能力;对跨媒体出版技术的运用能力。

---

[*] 本文原载《中国新闻出版报》2012年11月5日第008版。

[**] 作者简介:陈丹,北京印刷学院新闻出版学院执行院长、教授。

一、培养模式创新

根据目前我国部分高校的实践经验，北京印刷学院正在尝试如下几种培养模式。

"双证制"培养模式。学生在学习期间按照学校的教育计划，毕业时拿到学校发给的毕业证书的同时获得相应的职业岗位的证书。目前，我们鼓励数字出版专业的学生在校期间就参加诸如"编辑资格考试""网络编辑资格考试"等的培训及考试鉴定。这样，就可实现人才培养与社会职业岗位的接轨。

"订单式"培养模式。在企业需求的前提下，企业与学校共同确定人才培养规格，确定培养方向，组织教学，设置课程、甚至确定教师。这种培养模式变"以产定销"为"以销定产"，可实现人才数量、质量上的按需培养。目前，我们正在尝试与一些著名的出版企业或数字出版机构建立校企合作的长效机制，根据企业实际情况和需求，为其量体裁衣。

"3+1"培养模式。这种模式即学生3年在校内学习，1年在企业实习、实训，学校和企业共同承担人才培养任务。这种模式使学生熟悉用人单位的生产或经营实际，对用人单位自然具有高度的适应性。

"教研结合"培养模式。实行本科层面的"导师制"，选择部分具有丰富教学经验和较强科研能力的本专业教师，鼓励其结合自己的科研课题研究，有组织、有计划引导学生开展各种形式的科研活动，并在导师的辅导下，通过参加各种形式的科研活动，提升学生的科研创新能力。同时，还注意将相关研究成果运用于实践的教学中，并注重相关科研成果的开发与推广。

二、教学内容与方法创新

根据目前数字出版学界与业界对人才的需求，我们在教学内容和教学方法上有如下探索。

1. 多层次、多维度、全方位培养学生的能力与素养

以人文社科、法律素质教育以及出版专业基本素养教育为基础，培养学生大出版、大传播背景下的人文素养；以数字出版的信息技术基本知识及相关技术应用教育为特色，培养学生对信息系统和技术的应用技能；以数字内容的采集、汇聚、集成与有效表达能力训练为核心，培养学生对数字信息的抓取和知识表达的能力；以媒介经营、资本运作、管理沟通、运营服务能力训练为重点，培养学生对数字出版媒介经营管理的能力。

2. 调整课程结构体系，实现专业课程的"三增三减"

培养方案中进行课程模块的结构性调整，实现"三增三减"，课程设置充分考虑专业特色与定位，考虑学生的知识能力，课程安排上要少讲小课，抓好核心课；少讲理论，多增加实践环节。

3. 产学研一体化办学

在北京印刷学院的数字出版教学中，教学主体包括学校、企业还有行业协会，三方可密切配合，在明确的分工合作中共同完成数字出版教学实践。

首先，我们重视并充分发挥企业在数字出版人才培养中的作用。企业作为高校培养的"产品"的接收者，可与高校一同成为办学的主体。他们可参与高校相关的课程开发，可对教学内容的选取、课程的安排、培养方案的实施等发表建议，甚至根据企业的实际需求，开展定制、定向培养。另外，企业还要承担高校数字出版的实践和培训工作，并提供相关的实践场所和培训教师。

其次，我们在数字出版教育过程中，注意加强与行业协会的联系，在教学和职业培训等方面自觉接受其指导。例如，积极参与编写相关行业协会组织推荐的教材；组织学生参加相关的职业资格培训及考试，共同举办相关学术研讨会等，通过行业协会提供的平台，组织并联络产、学、研各方力量，实践证明，这对我国数字出版专业建设十分有益。

媒体融合下数字编辑人才建设探讨[*]

刘华坤　张志林[**]

摘　要：媒体融合的关键要素之一是创新型人才队伍建设，数字编辑是数字传播领域的新兴复合型人才，是促进媒体融合、出版融合发展的中坚力量。在数字编辑复合型人才培养使用管理中，采用政产学研的人才建设方式，在学历教育、岗位使用、在职培训以及职业规划等方面形成一体化管理机制，是加快数字编辑人才建设的有效路径选择。

信息技术的发展，特别是Web2.0技术的不断成熟，使媒体融合的广度和深度日益提高，人类文化的保存、复制、创造和传播发生了深远的变化。以数字技术为基础的新兴出版行业逐步发展壮大，并与传统出版行业相互渗透。国家大力推动传统媒体和新兴媒体融合发展，推动传统出版和新兴出版融合发展。中宣部部长刘奇葆于2014年4月23日在人民日报上发表《加快推动传统媒体和新兴媒体融合发展》一文，在

---

[*] 本文原载《北京印刷学院学报》2015年第23卷第3期。

[**] 作者简介：刘华坤，北京印刷学院新闻出版学院讲师；张志林，北京印刷学院新闻出版学院教授。

人才建设上提出要"建立统一的人才管理体系,加大新兴媒体内容生产、技术研发、资本运作和经营管理人才的培养引进力度,优化人才结构、统一调配使用";2015年3月31日,国家新闻出版广电总局、中华人民共和国财政部印发《关于推动传统出版和新兴出版融合发展的指导意见》指出"制定出版融合发展人才培养规划,支持出版单位与高校、研究机构和创新型企业联合开展出版融合发展人才培养"。加强数字编辑人才队伍建设,创新数字编辑人才培养模式,搭建数字编辑人才成长的学习通道,将成为巩固壮大宣传思想文化阵地、履行文化职责和传媒业生存发展的重要任务,也将成为推动媒体深度融合、创新创业、壮大数字内容产业的重要抓手。

一、媒体融合催生数字编辑人才

媒体融合的过程就是各种媒体形态的边界逐渐消融、复合型媒体逐步成为优势媒体的过程。笔者认为、媒体融合是由生产力和生产关系两个方面共同作用的全方位,深层次的一体化交融。[1]可以将技术、内容、渠道、平台、人员、资本、经营机制等归结为媒体融合的生产力要素,组织架构、管理体制、传播体系等归结为生产关系要素,生产力与生产关系的持续运动,才能推动传统媒体和新兴媒体在内容、渠道、平台、经营、管理等方面的深度融合。媒体融合的根本动力来源于信息技术的力量,信息技术的快速进步催生出不同于传统媒体的新的业务生产流程,使媒体生产方式发生巨大变革,也使跨平台整合、发布不同媒介的内容,提供多样化、多形态、个性化的服务成为现实。

传统新闻出版广电行业中的编辑,是借助他人作品展开社会实践、以扩散他人作品形式表达自己意识形态为客观必然的人[2],编辑活动都是围绕单一传播媒介而进行的线性内容生产活动。到了互联网时代,数字化使媒介形态开始向融合的方向前行,"用户"一词可以将读者、视听者、听众以及观众等消费人群的称谓概括其中,如图1所示。

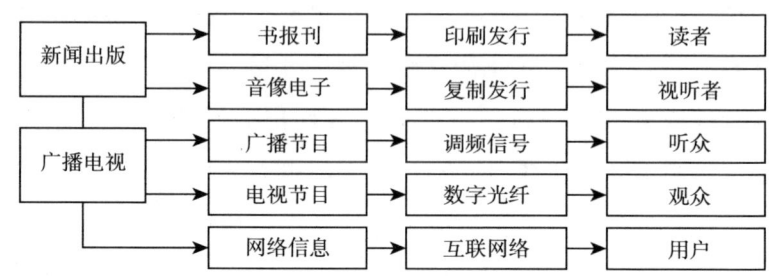

图1 出版物及节目播出的内容生产传播线性模式

媒体融合也对传媒从业人员的素质提出了更高的要求。仅仅懂新闻出版传播和广播电视节目播出,或者仅仅懂传媒市场已经不够用了,还需要持续地保持对技术的敏感性,思考数字技术应用将为媒体发展带来的各种可能。[3]媒体融合下内容生产传播的网状模式如图2所示。

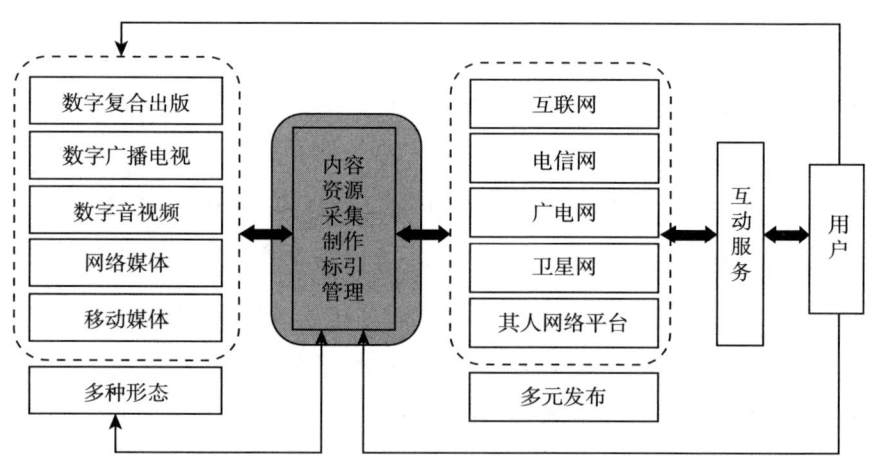

图2 媒体融合下内容生产传播的网状模式

媒体融合催生数字编辑人才。编辑活动中有专职编辑与从事编辑活动的非职业编辑之分，本文所讲的数字编辑是指以传媒业内从事数字内容生产传播工作的专业技术人员为主体，再扩展到文化、信息等产业的相关人员。数字编辑来源可以分为两类：一是传统新闻出版单位培养、引进的从事数字编辑工作的人员；二是大量新媒体企业中从事内容生产传播的人员。在数字传播中，越来越多的具有计算机、新闻、出版、文学、美术、经济、管理、法律等专业背景的人员加入数字编辑的队伍之中。数字编辑是媒体融合过程中的创新、创造型人才，其从业范围已经不局限于传统的新闻出版广电机构。这些从业人员的共同特征是，在网络环境下，运用数字传播相关技术从事内容的策划设计、采编制作、资源管理、多元发布、互动服务等工作，专职开展数字内容生产传播的专业技术工作。

二、现阶段数字编辑的培养使用

考察出版业数字化转型升级、推动出版融合发展的实践发现，数字编辑人才的培养使用与管理，涉及教育、企业、行业及行政管理等各种社会组织。

（一）传统媒体中的数字编辑使用

在传统出版行业中，编辑的使用采取的典型方式是师徒制，每一位新入职的编辑都由指定的老编辑带领。但是在数字环境下，这种口授身传的师徒制模式不再完全适应编辑业务的现实情况了。主要是由于技术进步的驱动，市场变化太快，传播的信息量太大、渠道太多、内容庞杂，用户的消费需求越来越个性化，面对复杂的局面，要求编辑的责任意识、文化素养以及技能操作等都要增强适应性，或者补充个体知识能力，或者由个体变团队式生产运营服务。因此，全媒体出版融合下的编辑活动更像影视的编导团队，更需要编辑的合理组织与分工。

传统图书出版社出版融合的 wed1.0 阶段，通过流程再造产生新的数字编辑类型。数字编辑从存量资源的数字化、结构化处理开始，将存量资源按照文字、图片、公式、音频、视频等元素，经由扫描、识别、校验、拆分、标识、关联等工序进入资源管理库；增量资源则采用复合采编、协同编辑等生产工具，进行出版资源的数字化、结构化、标引化和规范化，一并进入多媒体资源管理库统一管理，实现对内容的检索复用、动态重组与新产品开发。当出版社进入出版融合的 2.0 阶段，纸书编辑也进入复合出版的流程，形成全员数字编辑队伍，这是出版社成功转型的标志。数字复合出版中，数字编辑主体地位得到加强，职务类型业已细分。如人民交通出版社出现了策划编辑、产品经理、内容经理、技术经理、推广经理、销售经理和客服经理等相互依存、相对分工的职能岗位细分，构建出现代团队式数字编辑队伍，这是未来很重要的图书出版业编辑队伍形态。

报业转型的重要特征是根据多媒体内容生产的需要，整合业务形态，重新分工规划，变革业务流程，组成全媒体编辑部。一次开发，多次生成，多元发布，变革内容生产方式，拓展价值增值渠道，通过纸质媒体、网络媒体、移动媒体的内容产品滚动式、辐射状传播，实现品牌价值最大化，纸媒编辑转型为全媒体编辑。[4]

期刊出版单位采用期刊复合采编审系统，推进了编辑手段的数字化进程，在提高编辑效率的同时，编辑在业务上更为专注。期刊编辑需要运用文字、图像、动画、视频、音频等多种数字技术，有效引导读者深入阅读，进行编读互动。面对激烈的市场竞争，传统期刊编辑中产生新的策划型编辑或导演型编辑。学术期刊编辑需要充分利用期刊生产和数据库资源的优势，对内容进行加工整合，创造出新的特色资源和个性化的增值服务[5]，全能型、策划型编辑是期刊数字编辑职能的新扩展。

数字编辑的作用体现在两方面：一是对细分市场独到的策划和引导能力，在数字内容和技术等方面建立标准和规范。随着网民直接参与信息传播的数量剧增，作者和读者可以跳过编辑直接进行交互，数字编辑发力之处在于形成自己对细分市场的独到策划和引导能力，对数字信息的结构形态、标引组织、存储传输、显示交互等进行规范的知识表达。二是对出版物传播的增值作用。数字环境下，编辑对同一作品进行不同的编辑加工会导致文字规范性和可读性有差别；对知识解析度与关联度的不同会导致出版产品对读者使用价值有差别。因此，编辑需要进行信息采集、产品策划设计、资源加工整合、建立资源标引、知识点关联等工作，使知识产品能够被快速检索和及时发现，给用户提供多条访问渠道，并互动服务以方便用户，这些知识服务的工作显示出数字编辑对出版物传播的增值作用。

（二）新媒体企业中的数字编辑使用

本文所指的新媒体是基于互联网和移动互联网发展创新的新兴传播媒体。数字编辑涵盖了新媒体企业的所有编辑人员，主要类型有新闻信息传播网站编辑、游戏动漫编辑、APP应用编辑等。笔者认为，数字编辑并不等同于网络编辑，而是指主要从事网络信息传播服务和数字内容产品运营的网络编辑，主要在门户类、垂直类以及网络文学、网络游戏、动漫等网站平台从事内容建设的人员。在媒体行业激烈的市场竞争中，新媒体企业的数字编辑靠实力打拼，在竞争中胜出或淘汰，流动性大，在传播内容把关上容易缺位。由于缺乏制度化的人才使用、培训和职称晋升机制，也没有与国家人力资源开发建设的人才引进、使用等政策相衔接的通道，人员使用处在企业管理、自我管理的层面。

（三）高校数字编辑后备人才培养

高等教育承担着面向数字传播各行业培养应用型的潜在数字编辑人才的任务。由于互联网强大的渗透力，按照传统新闻出版广电行业的编辑分工结构和运行方式构建起来的新闻出版广电编辑的人才培养体系，正面临变革的诉求。数字编辑不仅是技术平台的运用者、操作者，而且是信息资源文化价值的发掘者、传承者。2012年，国家对高校的学科目录和专业设置进行了一次较大规模的调整。这对于配置和优化教育资源、提高人才培养质量、促进高等教育与经济社会的紧密结合，具有十分重要的意义。在教育部印发的《普通高等学校本科专业目录（2012年）》（简称新目录）中，与数字编辑人才培养相关的学科专业群包括但不限于以下类型：如新闻传播一级学科下设立的基础专业和特色专业[①]、数字媒体技术（080906）、视觉传达设计（130502）、数字媒体艺术（130508）、动画（130310）等。这些专业类型都与数字编辑人才培养相关。发展的背后也应看到不足，部分传统新闻出版课程体系还需加以完善。如以传统新闻出版传播模式和运营方式形成的编辑教育课程体

---

① 基础专业，即新闻学（050301）、广播电视学（050302）、广告学（050303）、传播学（050304）、编辑出版学（050305）；特色专业，即"网络与新媒体（050306T）"和"数字出版（050307T）"。

系，整体上都需要加强创新性和实用性内容；新增的网络与新媒体、数字出版两个特色专业，本身是从市场需求出发设置的，与数字编辑人才培养的目标契合度更高，落实到具体的培养方案中更要体现专业特色。

由于数字编辑是一种应用型的专门人才，实践教学环节和实训实习环节尤为重要。培养媒体融合的数字编辑，需要开设媒体融合性课程，搭建融合性的数字传播实训平台。在高校已有的基础设施建设中，满足单一课程、单一功能的教学设施比较齐备，但体现媒体融合的流程化数字化出版仿真环境还没有出现，这成为培养融合型数字编辑的一个瓶颈。进入"十一五"规划期间以来，北京印刷学院几乎每年都在修订本科专业人才培养方案，2—3年大修一次。2015年的培养方案修订，最迫切需要的是按照行业数字化转型升级的实践和出版融合发展的时代要求，面向出版新业态，组织和优化课程体系与教学内容，按照出版内容生产传播的现实场景，将模块化知识融会贯通，设计出版融合类课程。尤其是利用国家数字复合出版系统工程建设的良好契机，让师生与业界零距离接触，利用先进技术提升人才培养的产业符合度和先进文化传播的人才竞争力。

因此，政产学研一体化办学、加快培育数字编辑后备人才成为政界、业界和学界的共同呼声。

三、数字编辑人才使用管理的新创举

数字编辑是编辑中的一种新兴的人才类型，是互联网技术和信息内容传播深度融合产生的一种新的职业类别，正日益受到产业界、教育界和政府管理部门的关注。

笔者梳理了近几年数字编辑人才培养、使用、管理的脉络，人才成长和使用呈现出从自发、分散与无规,到自觉、聚合与规范的发展路径。笔者发现,在学历教育、岗位实操、职业培训、继续教育等与人才培养、使用、管理相关的环节部门,高校、企业、行政部门分别有所作为,但是针对数字编辑这种融合创新型人才的培养、使用与管理,还处在相互分离、各自为政的状态。数字编辑人才建设尚未建立起政产学研一体化机制,形成贯通全链条的培养使用与管理模式。

(一)数字编辑使编辑队伍更具有时代气息

数字编辑是编辑队伍中的分支,也是编辑中掌握先进技术进行内容生产传播的新鲜力量,代表着编辑成长的方向。由于整个社会生产生活方式都在互联网影响下发生改变,编辑活动将是数字化环境下的编辑活动,编辑队伍将会奔向互联网,数字编辑岗位将会进一步细化。更重要一点,数字编辑工作包括但不仅限于网络信息传播,更多的岗位是知识产品的生产,再利用网络进行传播。笔者认为,数字编辑的一部分岗位是网络信息的采集传播,但还有大批数字编辑是在进行知识产品的生产,并策划网上网下传播的最佳方式提供给用户消费。

网络改变了读者的思维习惯、阅读习惯,反映到传媒业中,就是改变传统编辑的思路和业务流程规范,在这两个方面体现出数字编辑的引导能力和增值作用。从传统媒体数字化转型历程来看,数字编辑主要是在网站后台或在站点之外进行知识产品层面的生产,站点则是与用户互动服务的端口。如果将互联网站点比作冰山一角,那么,大量的数字编辑是在冰山之下进行知识产品的生产。产品形态可以是基于网络的,也可以是纸质的、封装的;传播渠道可以是网络的,也可以是实体书店的,还可以是通过网络分发实现按需出版等形态。

（二）北京市将数字编辑纳入人才管理体系是创新举措

数字编辑的专业技术人员管理部门是传媒业行政管理部门以及人力资源和社会保障部。据悉，北京市人力资源和社会保障局、北京市新闻出版广电局将发布《北京市新闻系列数字编辑专业技术资格评价办法》，确定专职从事数字传播的新职业。新职业定义数字编辑是利用高新数字传播技术，对文字、图形、图像、音频、视频、脚本代码以及动漫和游戏进行作品选题策划、稿件资料组织、编辑加工整理、校对审核把关、运营维护发布等工作的专业技术人员，简称数字编辑人员。在数字编辑人才的范围界定上，覆盖新闻、出版、游戏、动漫、音视频等领域的数字化内容生产传播从业者，体现了媒体融合的宗旨。

北京市率先在全国开展了设立数字编辑职称的工作，顺应了国家经济发展新常态下新媒体人才建设的发展需要，是落实国家推动经济结构调整、媒体融合、出版融合发展的创新行动。数字编辑职称的设立，开创了一条培养、管理跨界融合、复合创新人才的新渠道，指明数字编辑人才使用管理的方向成为推动融合发展的强有力抓手，将为新兴的数字编辑人才成长提供良好的发展空间。

四、政产学研一体化管理机制是最佳选择

在创新领域的研究中，常借用生物学三螺旋的结构原理来解释在社会经济发展中政府、大学和产业之间相互依存的互动关系。[6]三螺旋理论最显著的特征是，通过有效的知识传送和机制运作，产生创新和持续发展的能力。在目前国家进入经济新常态、互联网全面渗透提升社会运

行系统规模和质量的形势下，数字编辑人才建设更需要采用这种有效机制。从学校开展的学历教育，到企业入职在岗实操；从行业开展的岗位培训，到建立面向职业的人才管理体系，形成高校、企业及政府紧密联动的三位一体、全程贯通的数字编辑人才建设模式，这是数字编辑人才建设的路径选择。

参考文献

[1] 李良荣，周宽玮. 媒体融合：老套路和新探索 [J]. 新闻记者，2014 (8)：16-20.

[2] 蔡克难. 编辑概念、编辑活动基本规律和编辑学研究的意义 [J]. 中国编辑，2003 (5)：24-27.

[3] 蔡雯. 新闻传播的变化融合了什么？——从美国新闻传播的变化谈起 [J]. 中国记者，2005 (9)：74-76.

[4] 滕岳. 在深度融合中激活全媒体集群——烟台日报传媒集团全媒体战略探析 [J]. 中国报业，2010 (8)：13-16.

[5] 刘清海. 全媒体出版对科技期刊编辑角色的影响及其应对策略 [J]. 中国科技期刊研究，2012，23 (2)：278-281.

[6] 王成军，王正利，李丹丹，张伟红. 三重螺旋研究进展及其模型结构 [J]. 演化与创新经济学评论，2011 (1)：94-122.

数字媒体编辑工作特点及其人才培养探析[*]

房美丽[**]

摘 要：数字媒体具有不同于传统媒体的诸多特点和优势，是当今社会的主流媒体。本文着重分析了数字媒体编辑工作的四个重要特点后，详细地阐述数字媒体编辑人才培养的三方面思路和要求。

一、引言

随着互联网和计算机技术的纵深发展，数字媒体已成为当下社会的主流媒体。数字媒体，即数字化媒体，是由计算机进行编辑加工制作，经网络传播的新媒体。换言之，数字媒体是应用有线、无线网络和计算机信息处理技术进行信息产品的生产制作、编辑加工、存储、传播、阅

---

[*] 本文原载《北京印刷学院学报》2016年第5期。
[**] 作者简介：房美丽，北京印刷学院新闻出版学院副教授。

读的媒体。无论是生产制作、编辑加工、存储的数字化，还是传播、阅读的数字化，数字媒体是人类信息传播迄今最先进、最丰富的媒介和载体。数字媒体不仅集纳各类传统媒体于一身，而且实现人类传播的四种形态；不仅能够满足单个媒体企业实现各种形态的信息传播需要，而且可以满足个人进行交流与传播信息的需求，同时，数字媒体还提供诸如网站、自媒体等的新媒体形态，因而对传统媒体从业者提出了新的要求和挑战。在当今全球媒体运营企业中，数字媒体的生产制作、编辑传播已占据主体地位。为满足新兴的数字媒体产业市场需要的人才，全球从事新闻、出版教育的高等院校纷纷开设数字媒体相关课程或专业。[1-3]基于数字媒体生产传播的宗旨仍是满足广大读者对各种精神文化产品的需求。探讨数字媒体运作规律和编辑工作特点，如何进行数字媒体编辑人才培养，是每位从事数字媒体专业或课程的高等院校教育工作者都应该思考的问题。为此，本文针对数字媒体编辑工作的特点，对数字媒体编辑人才培养进行探讨，以期抛砖引玉。

二、数字媒体编辑工作的特点

数字媒体作为人类信息传播的一种新媒体，仍然是具有商品属性的精神产品，是满足社会大众的精神文化需要。在二十多年的发展过程中，数字媒体呈现了与传统媒体不同的属性和特点，如容量极大、即时传播、超链接、多媒体等，表现在数字媒体编辑工作中则具有技术性、产品化、多媒体和互动性等特点。

（1）技术性

任何媒体都是精神产品，都需要经过生产制作、编辑加工才能出版传播，供社会大众使用。数字媒体也不例外。数字媒体编辑工作就是对数字媒体进行生产制作、编辑加工和出版传播，以满足社会大众的需求。

数字媒体与传统媒体不同，是建立在计算机和互联网技术基础之上的媒体，并随着计算机和互联网技术的发展而不断丰富与完善。没有计算机和互联网技术，数字媒体也就不复存在。数字媒体是以计算机硬盘为信息存储载体，以计算机图、文、声、像处理技术为编辑加工手段进行生产制作，以网络为渠道进行出版传播。因此，数字媒体编辑工作从生产制作到存储到传播都是依靠计算机和网络来完成，表现出鲜明的技术特点，展示出技术性。不仅如此，数字媒体编辑工作的技术性还体现在计算机本身可以进行简单的文字校对、信息初选整理、关键词搜索、热点信息排序等。随着计算机技术的进一步发展，数字媒体编辑工作也可以由计算机对某些格式化类别作品进行直接撰写、创作[4-5]，变得更加技术化和智能化。

毋庸置疑，数字媒体编辑工作的技术性，是数字媒体与生俱来的，如不掌握网络和计算机数字技术，数字媒体编辑工作就寸步难行，无法为社会大众生产数字精神食粮。

（2）产品化

伴随网络技术的深入发展，尤其移动互联网到来和智能手机应用，传统媒体的经营与传播方式被极大地颠覆和革新。原来只有企业才能生产的媒体，现在个人可以进行生产传播；原来只是同行间的媒体竞争，现在是同一行业与不同行业的媒体之间、媒体与个人之间、个人与个人之间进行竞争。媒体的形态也由简单的书报刊转向丰富多样的富媒体；

由单向传播转到双向传播；由付费到免费、付费结合。在对传统媒体革新的基础上，数字媒体经营理念也发生了变化，其中编辑工作出版理念就由商品出版理念转化为产品出版理念。

传统媒体编辑在生产文化产品时，主要从竞争对手出发，实施"人无我有""人有我优""人优我特"的商品出版理念，以占据出版市场。但如今面对庞大的媒体生产群和海量而冗余信息的出版市场下，每一个数字媒体编辑在进行文化产品生产时，更主要的要从受众角度考虑生产哪类产品，受众喜欢阅读；哪种产品形态，受众会点击和转发；哪种传播方式，受众会收藏和付费，以及应用哪些动态效果，设计哪些互动，才能获取受众的认可和眼球。也就是说，数字媒体编辑工作从传统媒体单一的商品出版理念，转向受众需求为主、竞争对手为辅的产品生产理念。数字媒体编辑从受众需求出发精心制作文化产品，展现了数字媒体编辑工作的产品化特点，凸显了当下数字媒体编辑应具备用户思维的出版理念。

数字媒体编辑工作产品出版理念，是互联网共享性质的结果，也是社会发展的需求，虽然它导致媒体间竞争更为剧烈，但有利于社会进步和时代发展。

（3）多媒体

数字媒体在互联网和计算机技术推动下，种类逐渐增多，形态不断丰富，编辑工作手段更加快捷、简便，尤其智能手机的出现，导致人人都能够随时随地进行简单的信息制作与交流、传播。编辑工作对数字媒体编辑人员的素质却要求越来越高。数字媒体编辑不仅要懂得各数字媒体形态传播的优点和价值，通过网络后台分析、把握受众需求，更主要的是全面熟练地掌握图文声像素材的处理技术，即数字媒体编辑人员不仅会处理文字、图片素材，而且会处理音频、视频素材和图文声像素材的整合。这是因为，当下数字媒体已是多种素材相结合，数字媒体编辑的主要职责就是生产制作时下的数字文化产品，因而自然需要掌握多媒体处理技术。此外，数字媒体编辑对媒体形态特点把握、受众需求分析等都是为了生产出更好的受众青睐的文化产品。

数字媒体编辑之所以要掌握全媒体处理技术，除了计算机提供了图文、音视频处理技术工具外，主要还在于受众的阅读特点。受众在面对海量信息和手机屏幕狭小和随身携带的情况下，主要是在碎片化时间里进行随时随地浅阅读。为满足受众这一阅读特点，数字媒体编辑在进行产品设计制作时通过图文声像处理技术，尽量生产出图片化、视频化等视觉效果鲜明、浅显易懂的文化产品，以满足受众碎片化浅阅读需要，从而表现出数字媒体编辑工作的多媒体特点。

数字媒体编辑工作的多媒体特点是技术进步的体现，和受众碎片化阅读的结果。随着虚拟现实技术发展与普及，数字媒体编辑工作的多媒体特点将更加丰富和完善。

(4) 互动性

与传统媒体阅读不同，数字媒体是在电子接收设备屏幕上通过手指或电子笔点开或一屏一屏地拖拉或划开来进行阅读，缺少了对产品的整体认识和实体感，展示出更多的互动性。数字媒体的互动性，就是受众对数字媒体内容进行点击、拖拉、关闭、暂停等行为，简单地说，就是受众阅读数字媒体内容的各种行为方式。

互动性是数字媒体的一个重要属性，也是数字媒体编辑工作的一个关键点。因为，数字媒体从诞生之日起就是以互动方式呈现出来的。在海量存储容量下，最早诞生的数字媒体——网站就是将大量的传统媒体内容，以时间倒序方式把信息标题展示出来，受众通过拖拉、选择自己喜欢的标题，然后点击、打开进行阅读内容，进而复制、转载和保存，表现出受众与媒体间的互动。随着互联网和计算机技术的发展以及受众不断提高的需求，数字媒体互动变得更加丰富、多样。譬如网站，除了标题点击、拖拉外，还有自主选择、评价、点赞、转发、收藏等。而数字书刊更为丰富，除了翻页外，还有单篇文章的点开、缩放；单幅图的放大、还原；音视频的开启、快进、快退、关闭，以及用户参与拼图、迷宫、游戏等。数字媒体的互动设计是当下数字媒体编辑工作的一个重要任务和要求，正如中央美术学院费俊教授所言，互动就是内容。

数字媒体之所以要多样化的互动设计，主要在于数字媒体的使用特点和行业竞争的需求。同时，在海量信息环境下，通过互动，才能真正把握受众对产品的阅读情况，从而实现有效传播。

三、数字媒体编辑人才培养要求

数字媒体编辑工作不仅拥有上述四个特点，而且还拥有超链接、超文本、即时出版、全球传播等特点。与其他特点相比，技术性、产品化、多媒体、互动性四个特点是数字媒体编辑工作的最重要特点，也是决定一个编辑能否胜任数字媒体编辑工作的重要条件和要求。为此，在数字媒体编辑人才培养过程中，教育工作者应遵循技术为先，知识为本，能力为旨的培养要求和思路。

（1）技术为先

网络和计算机是信息出版传播最基本的特征，是数字媒体实施生产制作的手段和工具，也是数字媒体不同于传统媒体最鲜活的表现。不掌握网络和计算机，数字媒体编辑人员就无法进行数字产品的生产制作、出版传播，只能是纸上谈兵，毫无成果。所谓技术为先，就是指网络和计算机技术是编辑进行数字媒体产品制作的先决条件和手段。每一个数字媒体从业编辑都要学习和掌握这两类技术，否则手无寸柄，无法进行数字媒体生产。因此，在数字媒体编辑人才培养时，要教会编辑人员基本的网络连接、发布、搜索等技术和计算机各类信息处理、编排、设计技术。通过对网络连接、发布、搜索等技术掌握，数字媒体编辑人员就可以从网络上进行信息调研、分析，从而把握市场情况，了解受众需求，清楚行业发展动态，全面把握数字媒体的格局和变化，为新产品开发提供充分的信息条件。而通过掌握计算机各类信息处理技术，数字媒体编辑人员就可以亲自进行数字产品的制作和编辑加工，实现数字媒体生产制作完成，克服不会动手的弊端，真正成为一个有别于传统媒体的数字编辑人员。

值得一提的是，网络和计算机技术发展至今，种类繁多，难易程度各异，既有简单使用的技术，又有艰深的理论技术，还有各个不同领域应用的技术。数字媒体编辑人员进行网络和计算机技术教育时，只需设置安排与信息收集、制作、传播等相关的网络和计算机应用技术，其他网络和计算机技术可以无须涉及，因为数字媒体编辑人员只是利用计算机和网络来实施数字媒体产品生产制作和传播，而不是对互联网和计算机技术研究与开发。

(2) 知识为本

首先,媒体编辑工作是一项知识生产的职业,是以科学、思想、艺术等标准来进行各类精神产品生产的工种。"谈话有鸿儒,来往无白丁"是编辑工作的写照。不懂得知识是无法从事编辑工作的。其次,传统媒体编辑历经数千年发展,积淀了一整套信息加工的基本理论知识。譬如文化传播的宗旨、目的和使命;各类文化产品的特点、价值和作用;不同类别文化产品诸如图书、期刊、报纸、广播、电视等形态的基本属性、结构、类别、价值和优化标准,以及每种文化产品生产的基本环节——创意与策划、信息采集与选择、审读与加工、设计与校对、传播与营销等。这些编辑工作中的理论知识都是通过实践的检验,并广泛地应用在编辑工作实践中,指导编辑工作。

数字媒体与传统媒体一样仍然是人类信息出版传播的一种载体或工具,是传统媒体在网络和计算机技术下的一种新的发展形态和表现方式,因而数字媒体应遵循人们对信息加工的基本原则和要求,遵守传统媒体编辑工作的基本理论知识。所谓知识为本,就是指当今数字媒体编辑人员不但要有较为丰富的科学文化知识,更重要的是掌握传统媒体编辑工作的理论知识。为此,我们既要重视各类传统编辑工作基本理论知识的传授,也要讲授知识创新和新知识建构的知识,这样才能培养合格的新知识的缔造者和鉴别者。

(3) 能力为旨

知识是编辑人员培养的本质,是编辑工作的基石,没有知识,编辑工作就是浮云,没有根基。但是,编辑人员知识培养最终目的是为后期制作能力培养奠定基础。这是因为，编辑工作是一种实践性活动，是利用各类相关知识来进行产品生产制作与传播，以满足大众需求，服务社会。知识掌握不一定就拥有了能力。只有将知识应用在实践中，通过实践来试验和检验，才能转化为能力，进而加深知识理解和把握。数字媒体编辑人才培养的最终目的是造就出一批有思想、有干劲，能够动手动脑的实干家和实践者。生产数字文化产品是数字媒体编辑工作的主要职责、任务和要求，所以，数字媒体编辑人才培养要以文化产品制作能力为宗旨，以文化产品制作能力为最终目标和任务，以文化产品制作能力为培养考核依据。

数字媒体编辑的文化产品制作能力培养，除了网络和计算机等信息搜索、处理、制作、传播等技术应用能力培养外，更要培养掌握编辑工作方面诸如产品策划能力、文稿审读能力、编辑加工能力、编辑应用文写作能力以及交流合作能力等。此外，不同数字媒体编辑工作对象不同，文化产品制作能力又存在差异。如资讯网站编辑，主要工作对象是新闻稿件，就要掌握新闻选编能力和音视频加工能力。又如专业财经数字期刊，就要熟悉财经理论知识，撰写财经文章和分析财经报告等。由此，在数字媒体编辑人员共性的能力培养外，适当增加一些不同工种的编辑能力，以培养多样化、符合不同数字媒体的专业数字编辑人才。

事实证明，媒体编辑的文化产品制作能力培养最佳方式是在大量编辑实践过程中，通过把学到的编辑基本理论知识逐渐转化为编辑技能，进而内化为编辑们的能力。鉴于此，在数字媒体编辑人才培养时，一定要将理论与实践结合起来，在做中学、学中做、在学与做、相结合中理解知识、深化知识、应用知识、培养能力。

结语

数字媒体编辑人才培养是一项艰巨的任务，随着网络和计算机技术进一步纵深发展，数字媒体编辑人员不断地遇到新技术的学习与应用。因此，数字媒体编辑们只有牢固树立终身学习的理念，才能走在时代的前列，跟上网络和计算机技术发展的脚步，掌握先进的制作工具，生产出最具竞争力的优秀数字产品。

参考文献

［1］叶福军、潘瑞芳. 浅谈我国高校数字媒体专业的建设状况［J］. 新闻界，2010（5）：168－169.

［2］刘华群、何薇、程明智、郑良斌. 从德国媒体教育看我国的数字媒体技术专业的建设与发展［C］. 第一届全国数字媒体技术专业规范建设研讨会论文集，2010－07－01：6－10.

［3］王玉奎. 我国数字媒体专业人才培养模式的探讨［C］. 南京邮电大学硕士研究生学位论文，2011－03.

［4］佚名. 首部由电脑创作的小说于俄罗斯问世［ED/OL］. 腾讯网，（2008－02－16）［2016－03－02］. tech.qq.com/a/20080216/000063.htm.

［5］佚名、扬帆编译. 谷歌举办计算机绘画作品展，共获得8000美元收入［ED/OL］. 凤凰网，（2016－03－01）［2016－04－18］. tech.ifeng.com.cn/a/20160301/41557177_0.shtml.

［6］叶福军、潘瑞芳：浅谈我国高校数字媒体专业的建设状况，新闻界，2010年第5期.

［7］刘华群，何薇，程明智，郑良斌：从德国媒体教育看我国的数字媒体技术

专业的建设与发展，中知网，cpfd.cnki.com.cn/article/CPFDTOTAL_TTTT201007001003.htm.

[8] 王玉奎：我国数字媒体专业人才培养模式的探讨，中知网，cdmd.cnki.com.cn/article/CDMD_10293_1011227152.htm.

[9] 首部由电脑创作的小说于俄罗斯问世，腾讯网，tech.qq.com/a/20080216/000063.htm.

[10] 谷歌举办计算机绘画作品展，共获得8000美元收入，凤凰网，tech.ifeng.com.cn/a/20160301/41557177_0.shtml.

"互联网+"时代的出版人才培养探究[*]

吴泱 张文红[**]

摘 要：互联网技术改变了出版业的基础技术，延伸了出版产业链，为行业发展带来了新的机遇。在"互联网+"时代，传统的单一型出版人才已经无法适应新业态的需要，更无法推动出版产业发展，出版人才培养面临的新问题亟待业界研究应对。

"互联网+"代表先进的生产力，推动经济形态的演变，为社会经济实体注入新的动力，为改革、发展和创新提供广阔的网络平台。通俗地来说，"互联网+"就是"互联网+各行业"，这并不是简单意义上的两者相加，而是利用通信技术以及互联网平台，让互联网与传统行业

---

[*] 本文原载《出版广角》2016年第19期。基金项目：北京市教委教学改革面上项目《媒介融合背景下卓越新闻传播人才培养模式研究》阶段性成果。

[**] 作者简介：吴泱，时为北京印刷学院出版专业硕士研究生；张文红，北京印刷学院新闻出版学院教授、编辑出版系主任。

进行深度融合，创造新的发展生态。

社会各个行业都随着互联网技术的不断发展与应用发生了深刻的变化，对出版业来说，互联网技术的发展让整个出版行业都发生了前所未有的大变革。互联网技术改变了出版业的基础技术，延伸了出版产业链，为行业发展带来了新的机遇。"互联网＋"时代下出版业的快速发展，迫切需要大量符合新时代要求的人才作为强有力的支撑。传统的出版编辑人才虽然有他们多年来积累的优势，但面对日新月异的"互联网＋"时代下的出版业，仍然显得心有余而力不足。为了响应时代要求，我们必须培养新的复合型出版人才，同时对传统出版人才进行提升。

一、"互联网＋"时代出版人才的能力结构

"互联网＋"时代，面对数字化浪潮，传统出版的内容编辑加工手段、产品形态和传播渠道等发生了翻天覆地的变化，但是，归根结底这些变化是出版在新技术条件下的新发展阶段，出版的本质并没有变。

首先，"互联网＋"时代的出版人才必须具备扎实的编辑业务能力。出版人要有扎实的文字功底、敏锐的信息嗅觉能力以及识别、筛选信息的能力，来应对海量的信息和潜在稿源资源；对已搜集的信息或资料进行筛选、编辑加工等，有时还需要对相关内容进行转换、分类等处理。在"互联网＋"时代，出版人已经很少用传统的方式进行文字处理，所以，传统的编辑还必须有一定的计算机处理能力。

其次，随着信息进入大爆炸时期，新媒体逐渐成为人们的主要信息来源，因此，现阶段的出版人才必须具备扎实的新媒体运用能力。（1）出版人员要熟悉各网络平台、新媒体平台，例如，微博、微信等，善于并能熟练地从海量的信息中寻找选题。（2）新媒体之所以

"新",是因为较之于传统媒体,它具有更加丰富的内容表现形式和表现方法。因此,"互联网+"时代的出版人要熟悉各种媒体的特性,具备根据不同的媒体特性来进行内容开发和运作的能力,对不同的媒体形态进行多样重组,形成最有利于内容表达的融合方式。

改革开放以来,中国出版业逐步改变了原来国有事业单位的体制格局,开始了市场化和产业化运作的进程。因此,在激烈的市场竞争环境下,出版人员必须拥有强大的市场运作能力。"互联网+"时代的出版市场是多元化的,除了传统的出版单位,电商、互联网公司和电信运营商等都纷纷进入这个市场。因此,出版人员必须具有全方位的市场运作能力。在激烈的市场竞争环境中,谁能准确把握市场动向,掌握消费者心理,并针对目标消费群体进行选题策划、开发设计产品,谁就能立于不败之地。"互联网+"时代,行业分工界限逐渐淡化,"互联网+"时代的出版人要具备一定的市场运作能力,熟悉市场,不断地培养自己的市场意识和用户意识,才能够更好地参与到产品的编辑开发与推广中去。

二、"互联网+"时代出版人才的知识结构

与上述"互联网+"时代的出版人所需具备的能力相对应,"互联网+"时代的出版人才要文理兼备,"技"与"艺"二者缺一不可。"互联网+"时代的出版行业要求出版人才的知识结构融计算机、网络、通信技术、艺术设计、多媒体技术、出版发行、市场营销和经济学等于一体。

首先,"互联网+"时代的出版人才必须具备坚实而深厚的人文社科知识和经营管理方面的知识。出版人才本是"杂家",深厚的人文素

养是出版人才所必备的。因此，出版人不仅要掌握文学、哲学、社会学和心理学等相关知识，还要有一定的美学基础。出版业是产业，出版活动的经济效益诉求决定了出版人必须熟悉出版市场运作的相关知识，懂得基本的经济学、营销学和管理学等相关知识。

其次，"互联网+"时代的出版人才要掌握被迭代后的出版专业知识。"互联网+"时代，严格的行业分工界限被打破，新媒介环境下的出版人才必须对数字技术主导的整个出版流程非常熟悉，能在稳固掌握传统出版专业知识的基础上，不断更新自己的专业知识结构，加强数字出版、版权输出等相关知识学习，以更好地应对"互联网+"时代的出版数字化和国际化的发展趋向。

再次，"互联网+"时代的出版人才要具有计算机科学与技术的相关知识，懂得计算机图形图像处理技术、网络通信技术和网站编辑技术等，能熟练使用IT技术，处理出版行业各环节的事务，提高行业工作效率。因此，计算机科学与技术的相关知识都需要纳入"互联网+"时代出版人才培养的知识体系中。

最后，"互联网+"时代的出版人才还需要有一定的新媒体技术知识，熟悉数字内容管理技术和海量内容存储、传输和再现等新媒体技术知识，能娴熟使用新媒体技术进行数据可视化，让信息的传播更生动、直观和有效，能够综合运用新媒体技术实现出版产品的美学设想和美学追求，能够熟练进行多媒体、跨媒体的内容发布。

上述"互联网+"时代的出版人才必备的知识充分说明，目前出版产业需要的是能将各基础学科的知识融会贯通，兼备扎实的出版专业知识和一定水平的信息技术操作能力的复合型出版人才，甚至可以说是一定程度上的通才。在传统出版中只有一技之长的单一型人才，已经无法适应出版新业态的人才需要，更无法推动整个出版产业发展。

三、"互联网+"时代出版人才培养策略

如何培养出大批符合"互联网+"时代特征的复合型出版人才，笔者认为我们应紧密联系"互联网+"时代下出版企业对人才知识、能力和素质的要求，通过学校、用人单位和出版者自身三方面的共同努力，多管齐下，构建符合"互联网+"时代要求的出版人才知识和能力的体系，走产学研管一体化道路。

1. 从根本上转变教育理念和培养目标

在媒介融合的趋势下，"互联网+"时代的出版行业对出版人才的要求已经发生了根本性变化。所以，我们首先需要从根本上转变原有的教育理念，顺应产业发展需求，从实用性、开放性和兼容性的角度树立"大出版""大文化""大媒体""大教育"的教育理念，确立实用型高级出版专业人才培养目标，即培养掌握出版专业知识和技能，具有较宽的知识面，能够综合运用多学科专业知识解决出版业实际问题，适应社会主义经济发展和出版业发展新需求的高层次、复合型和应用型专门人才。

2. 注重跨学科教育，培养复合型人才

出版院校在出版专业人才培养上要迎合"互联网+"时代的人才需求，注重拓宽人才视野，积极开拓新的学科领域，打破所属学院的藩篱，将各学科的力量整合起来。例如，北京印刷学院的出版专业硕士设置编辑出版学、出版产业与管理、跨媒体与数字出版技术三个培养方

向，由新闻出版、信息技术、经济管理和印刷包装四个学院师资力量联合培养人才。高校应结合自身特色为学生安排学习课程，学生在学习出版专业必修课的同时可以选修其他专业和相关学科的课程，在实际培养过程中通过跨系选课、跨学院选课等方式实现"大出版"的培养目标。为适应出版数字化行业人才需求，出版人才培养院校应注重数字出版实务类课程的开设比例，为学生开设数字出版物编创、多媒体信息处理等数字出版实操类课程，并配备优质先进的数字出版系统、多媒体信息采集与信息处理系统等相关设备，为培养满足"互联网+"时代出版人才提供丰富的教学资源。

3. 加强教师队伍建设，促进教学方式变革

第一，平衡教师队伍结构。西方国家的理论和实践教师的比例目前是1:1，而我国的比例远远高出这个比例，这必然会影响学生的实习、实践能力的培养。所以，开设出版专业的院校应该坚持派理论课教师到出版业界交流学习，同时引进业界知名人士到学校授课，平衡教师队伍结构。

第二，提升教师专业素养，促进教学方式变革。高校应定期组织教师进行专业学习，教师应及时洞察行业变化，更新教学内容，从而培养业务一流的出版专业人才。同时，随着"互联网+"时代的到来，互联网已经深深地改变了人们的生活方式，也包括学生的学习方式。教师应该顺应时代变化，不断创新教学手段，改变传统的以老师为中心的授课模式，建立以学生为中心的互助互学联盟。一方面，老师可以更好地掌握学生的学习需求，制定更有针对性的授课内容；另一方面，老师也可以从学生的反馈中更全面地了解新生事物，如一些学习工具等，从而创新教学手段，打造更能吸引学生注意力的教学模式。

4. 以行业需求为导向，学校、业界联手，建立灵活的协同培养模式

首先，学校可以聘请出版领域内具有广泛影响力、丰富的管理和运作经验的专家兼任导师，实行"双导师"模式。校内导师侧重理论教学，而校外导师则强调对学生实践工作能力的指导，两者之间既有分工，也有合作。"双导师"模式以校内导师指导为主，校外导师参与实践过程、项目研究和课程与论文等多个环节的指导工作。

其次，出版企业是出版人才需求的主体，出版专业教育必须坚持产学研结合。学校的出版专业需要与国家新闻出版管理部门、大型出版传媒集团、新闻出版研究单位和相关院校等各类型机构建立教学、科研及人才培养等方面的稳定合作关系。通过与国家新闻出版管理部门合作，学校可以获取和掌握最新的行业管理政策、国家层面的行业发展规划和重点发展计划，为人才培养目标的制订等提供有效指导。学校要多与出版企业合作，企业可为学生提供更多的实习和就业机会，让学生参与"互联网+"时代出版企业的实际业务环节，使学生有机会将理论与实践相结合，从而弥补纯理论学习的不足。除此之外，学生能够深入了解出版前沿工作，也可以从出版实践中发现自我专业知识学习的不足之处，从而有的放矢地补充和提升所需要的知识或技能。

最后，学校还可以与国内外新闻出版研究机构和相关院校合作，打造在线学习平台。互联网帮助我们打破了时间、空间的限制，也使得合作培养教学的模式更容易进行。学生可以通过互联网随时随地查找自己所需要的资料，也可以通过MOOC等在线学习平台进行学习。学生足不出户也可以开阔眼界，学习不同国家的相关专业的课程，从而全面了解世界出版行业的发展情况和发展水平。

"互联网＋"时代的出版产业正在飞速变革与发展，这对出版专业的人才培养提出了新的目标与要求。在"互联网＋"时代，培养高层次、复合型的出版人才是大势所趋。目前，我国出版专业人才培养在教育理念、培养体系和课程设置等方面进行了一些探索，但还是存在很多问题。出版专业开办院校应该在深入研究"互联网＋"时代出版产业变革和发展趋势的基础上，总结出版人才需求的新特征，探索新型出版人才培养的规律，致力于出版专业人才培养的发展优势，培养出符合现阶段和未来出版产业发展需求的出版人才，为我国的出版业和经济社会的发展做出更大贡献。

参考文献

[1] 祝兴平、马瑙. 大数据时代新闻出版人才培养的创新 [J]. 出版发行研究，2016（4）：90－92.

[2] 周鹏."互联网＋"时代传统图书编辑的转型 [J]. 现代出版，2016（2）：44－45.

[3] 黄先蓉、刘玲武. 媒介融合背景下出版人才培养的路径选择 [J]. 出版广角，2015（13）：13－15.

[4] 张志强、姚瑶. 德国大学的数字出版类课程分析 [J]. 出版发行研究，2015（12）：75－79.

[5] 董鑫. 中英高校数字出版人才培养现状比较研究 [D]. 北京印刷学院，2015.

[6] 邹石川、黄先蓉. 媒介融合背景下我国各类型出版人才需求调研报告 [J]. 出版发行研究，2014（9）：90－93.

[7] 吴鹏、程放. 数字出版转型期高校出版人才培养策略研究 [J]. 出版发行研究，2014（2）：91－94.

［8］张秀梅、郑鹏、潘春玲. 基于 SECI 模型的数字出版人才培养路径研究［J］. 编辑学报，2014（2）：188－191.

［9］蒋玉梅、杨海平. 英美中三国大学出版硕士课程比较研究［J］. 科技与出版，2013（11）：13－17.

［10］张志成. 本土人才国际化与国际人才本土化——谈出版走出去与出版人才培养［J］. 中国出版，2013（4）.

［11］徐维东、许琼英. 上海复合型数字出版人才培养策略刍论［J］. 科技与出版，2011（12）：117－120.

［12］洪九来. 美国出版专业研究生教育的特色及启示——一个以佩斯大学出版系为中心的考察［J］. 现代出版，2011（3）.

［13］刘阳、周澍民. 国外出版研究生课程设置分析与思考［J］. 东南传播，2010（1）.

［14］张维娣、张志林、黄孝章. 数字出版人才知识能力结构分析［J］. 北京印刷学院学报，2010（1）：13－15.

中国数字出版人才教育新路径探析

秦靓婷　吴永凯[*]

如今，全世界的出版业都面临数字化的改变，数字出版人才培养、数字内容与技术融合、数字发行渠道畅通成为出版界共同关注的焦点。近年来，数字出版领域不断发出需要复合型人才的声音，审视高校的数字出版教育和出版机构的数字出版继续教育，不难发现在信息化浪潮的不断冲击下，数字出版人才的培养似乎进入了瓶颈期——试图培养"面面俱到型"人才却往往造成"什么都略知一二，什么都不炉火纯青"的局面。本文试图对我国数字出版人才培养现状进行分析，并针对其中的问题提出可行的改进措施，以期加快数字出版人才培养进程，推动出版业转型升级，促进文化产业和文化事业的繁荣。

一、我国数字出版产业环境

自数字出版元年以来，回望我国传统出版向数字出版转变的历程，

---

[*] 作者简介：秦靓婷，时为北京印刷学院数字出版专业本科生；吴永凯，北京印刷学院新闻出版学院副教授。

谦虚观望——谨慎跟进——大力发展的线路非常清晰。影响出版业发展的各种因素中，处于关键地位的就是先进技术的推动以及产业张力，这也是出版业能够快速走向数字化的原驱动力。以互联网相关技术为代表的数字技术的发展，不仅推动了传统出版业的结构优化，更显著地提高了生产和管理效率、出版物质量和用户体验。全球现已进入"世界是平的"状态，国际间信息技术、资源的流动，能够在极短时间内完成。我国新兴的数字出版产业已经逐渐步入迅速发展的阶段。由于数字化产品种类和数量的不断丰富，人们感受到数字化环境带来的便捷获得性和体验多元性，并融入数字环境中，使之成为一种习惯。2009年对于数字出版产业而言，具有划时代的意义，因为我国数字出版业的产值第一次超过传统图书出版业的产值，在此基础上出版业不断推进供给侧结构性改革，2015年，我国数字出版产业收入达到4403.85亿元，比2014年增长30%，增速位于新闻出版产业各类别之首，占新闻出版产业收入的总比达20.34%。[1] 与此相对应的，我国数字出版业用户规模保持平稳增长，截至2014年年底，累计用户规模达到12.47亿。[2]

由此可见，从2000年开始的这十几年间，中国准确把握住了时代脉搏，数字出版产业在中国得到长足发展。这离不开国家各项支持政策的出台和政府的有力调节。在文化大环境建设方面，党在十七届六中全会审议通过《中共中央关于深化文化体制改革推动社会主义文化大发展大繁荣若干重大问题的决定》，为我国文化发展提供了前进的方向，第一次提出"文化强国"发展战略。此后，在十八大报告中也重点提出社会主义文化大发展大繁荣的战略要求，指出为何要建设文化强国及如

---

[1] 数据来源：《国家新闻出版广电总局：2015年新闻出版产业分析报告》。
[2] 数据来源：《2014—2015中国数字出版产业年度报告》。

何建设文化强国。十八届三中全会，提出进一步深化文化体制改革，构建现代文化市场体系和公共文化服务体系的发展格局；十八届四中全会对文化立法提出了新的要求；十八届五中全会提出推动文化产业成为国民经济支柱性产业的战略布局。过去几年文化发展相关政策密集、系统出台，内容涵盖公共文化服务、"互联网+"、创业创新、文化企业扶持、双效统一等多个方面，我的文化政策体系不断完善下，政策红利将释放到各个方面。

此外，我国数字出版发展政策也不断颁布并落实。2005—2010年，我国初步构建了数字出版产业链条，政府随之跟进产业政策：斥资建设大型数字出版基地。在"互联网+"时代背景下，我国数字出版作为战略性新兴产业发展势头迅猛，已催生出14家国家级数字出版基地。[1] 且成立了"中国数字出版联盟"，以促进资源合作、组织合作营销、开展维权行动等。这一时期，先后出台《关于加快我国数字出版产业发展的若干意见》《关于进一步推动新闻出版产业发展的指导意见》《关于加快我国数字出版产业发展的若干意见》《关于推动传统出版和新兴出版融合发展的指导意见》《数字出版"十二五"时期发展规划》等政策，提出国内数字出版产业发展的主要任务，并表示要将数字出版产业作为我国"新闻出版支柱产业"来打造。2015年北京市将数字编辑职称评审纳入全市职称评审序列，在评审编辑人员范围上实现了数字内容产业领域的全覆盖。同年，财政部为落实中央关于文化改革发展战略部署，下达年度文化产业发展专项资金50亿元，支持项目850个。2015年，我国数字出版产业保障体系在诸多方面得以完善与丰富，尤其是在标准建设和版权保护方面取得了新的进展，成为传统出版与新兴出版融合发展的有力支撑。[2]

我国数字出版产业成长的趋势日趋明朗，宏观环境也十分有利于其发展。部分亟待解决的问题如网络安全、数字版权等也在紧锣密鼓地规划之中。虽然传统出版不会绝迹，但是作为新事物的数字出版势必会强力推动其转型升级，二者将良性结合，共同提升出版行业生命力。

二、时代之需——复合型数字出版人才

　　对于人才的要求，数字出版与传统出版业几乎是截然不同的，数字出版人员既要掌握传统出版的各项编辑技能，还需要熟悉新媒体相关的计算机软硬件及互联网知识，更要对信息化环境下数字内容的高效传播和各类平台的运营有深刻了解。所以，各大高校的出版专业教育和出版机构面临着融媒体时代的机遇和挑战。数字出版产业高速发展，开设数字出版专业的高校也紧随时代步伐，似乎渐窥堂奥，根据校情做出调整，但现实情况是数字出版人才培养仍然有些滞后，乃至与整个出版产业有所偏离。

　　首先，对于高校而言，数字出版专业建设时间短、开设高校稀少，可借鉴经验不充足。2008年，北京印刷学院的传播学（数字出版）专业是国内第一批经过教育部批准设立的面向出版业发展转型、培养数字出版急需人才的专业[3]，且截至目前仅有5所高校开设数字出版专业，难以形成科学、完整的学科交流体系，各高校间互相参考办学经验，培养方案、课程设置大同小异，短期内较难有大突破。也正因为学科历史不长，现阶段高校没有数字出版教育专业体系下培养出来的数字出版专业教师，教师专业大多集中在编辑出版学、传播学、计算机技术和设计学等，所以高校自身严重缺少具备复合型知识结构的数字出版专业教师的窘境增大了培养数字出版思维学生的难度。尽管高校引进师资门槛极高，但是来自各个专业、有着较高学术造诣的优秀教师的教学，对于

全新的学科——数字出版而言是"碎片化"的，如果要依靠学生自身能力内化出内在逻辑联系并提炼出其中奥义，加以深入学习和提高基本是不太可能的。故而如何充分发挥各教师特长，形成数字出版教育教学系统，实现"1+1>2"的优势，是高校需要切实考虑的问题。

其次，出版机构直接面向社会变革，在数字大潮中首当其冲，许多传统出版机构地位岌岌可危。数字出版在国内尚为新兴行业，有些传统出版机构的老编辑已经从事手头的工作很多年，难以培养对新事物的热情，也不能很好地驾驭新媒体平台。现有数字出版从业人员基本上都是从其他相关行业转型的，对于数字出版业务并不了解，专业化程度高的数字编辑招募很困难，还有一个主要因素是，具备良好专业知识架构的复合型人才鲜少选择编辑作为职业发展的途径。

最后，高校的数字出版教育和出版机构的数字出版再教育共同面临的问题如下：数字出版教材亟待跟进，数字出版作为一门新学科，许多基本理论尚未有清晰界定，知识体系并未完整搭建，操作实务还需整合，所以教材编写确实很困难；校企间实践合作较少，出版业是基于市场实践性较强的行业，高校数字出版专业学生的学习理论性较强但实践环节始终与社会需求存在差距，而出版机构在理论更新再教育和实践环节都不得章法，因此高校资源和出版机构的资源难以整合实现共赢；缺乏竞争和奖励机制，相比较其他学科而言，出版、数字出版类的学科竞赛屈指可数，但是一定程度上的竞争和奖励有利于激励在校生和青年编辑提高学习兴趣和业务能力。

三、数字出版人才培养新模式探究

邹韬奋先生曾在《经历·几个原则》中说道："尾巴主义是成功的

仇敌。"数字出版人才的培养绝不能盲目跟风，如果教学内容人云亦云，教学方式亦步亦趋，那么数字出版人才教育就是没有希望的。目前许多高校在编辑出版课程中加入数字媒体等内容，以期满足社会对复合型出版人才的需求。但是，人才的培养必须遵循一定的教育规律，仅简单依赖调整课程或模块的做法难以培养出合格的复合型人才。[4]所以，我们必须跳出原有各种模式的桎梏，以数字出版业态环境为基本参考，以高校师资和生源实际情况为主要对象，制定出合理高效的培养方案，而不能一味削足适履。

世界观决定方法论，若想探寻出合适的发展道路，重中之重便是树立正确的教育理念。数字出版专业人员也要深刻认识到，"内容为王"经久不衰，乃至网络出版如火如荼的今天依然明确提出"IP为王"，所以数字内容编创的文化性应当是贯穿教学中的主线，要凸显编辑的社会责任和文化担当。数字出版不能为了数字化而数字化，被技术所"捆绑"，导致出版产品文化视野和底蕴的缺失，这就失去了出版的意义。我们在向国际出版界借鉴经验时，要坚持结合国情，善加利用科学技术，保留中华文化中的精华，注重以我为主、为我所用，切不可唯先进科技马首是瞻。无论数字出版如何发展，其核心竞争力不在于传播载体、途径、方式，而在于内容、品质、文化。[5]软件、技术等都是促进出版内容高效传播的有力手段。只有明晰这样的观念，才不会在教育教学中本末倒置。

教师是实施教育教学的主导力量，高校应微调现有的用人机制，依托数字出版建设的主体——内容服务商和大型出版集团，将数字出版相关领域的企业和研究院所的专家请来，用其切身经验带给数字出版专业学生不同的行业视角。同时要求数字编辑出版知识、技能欠缺的教师参加全国性的数字出版教育师资队伍培养和培训；鼓励教师参与企业实践，接受数字出版企业的课题研究或者项目任务，及时了解业界最前沿的知识理论和实践要求，并与自己的研究领域相结合。

在课程设置方面，不能认为"多多益善"，本科教育主要还是通识教育，在这个阶段最重要的树立学生的数字出版意识、激发学生对出版行业的兴趣、培养一到两项较为擅长的环节，在硕士甚至博士阶段才可能培养出具有"一专多强"的全能型数字出版人员。要认清社会对数字出版人才的需求是分层次的，并由此创新人才培养体系。尽管业界对复合型出版人才十分渴求，但是"十年树木百年树人"，数字出版人才培养不是一朝一夕的事。以本科教育为例，大一新生对出版行业知之甚少，那么当务之急就是通过基础专业课程告诉他们何谓出版、何谓数字出版，并安排其学习各类通识性课程，培养编辑素养；大二应当增加数字出版各环节相关课程和实践教学，学生可以找到自己感兴趣或擅长的部分，并通过参观、实习过程建立对数字出版的职业热情；大三则根据学生自己寻找的方向随相关导师进行专门化学习，如对媒介管理感兴趣则深入学习课程，将某个环节、研究点吃透，通过科研、竞赛等在该领域做出一点成绩；大四则在该领域实习并完成毕业设计。这样的课程安排有利于学生在学习中发现自己的兴趣并实现自我价值，囫囵吞枣的填鸭式学习不仅给教师、学生带来巨大压力，也容易使学生对庞杂的课程产生厌烦情绪。专业教师可以根据学生的课堂表现、课程得分等情况，给学生提供针对性的方向指导和帮助。本科阶段的教学应该是引导学生认识数字出版、认识自己的一个过程。这种培养模式可以将更多的学生留在业内，无论是考研、出国、工作等发展方向，他们都会对数字出版充满热爱，而这正是最好的老师。

由于数字出版的行业性质，单单凭借高校或企业的资源是不可能担起培养出理论和实践都出色的学生的艰巨任务的，必须坚持产学研一体化的出版业特色道路。高校应当合理并充分利用教师、实验室、学生资源，通过与新媒体基地、出版社、数字出版基地等机构合作的形式进行第一课堂外的实践教学和科学研究等创业创新活动，并给予一定项目资金的支持。如此培养出来的毕业生将能更好地适应行业，行业也需要这样具备实务经验的应届生。出版机构则可以将原有传统编辑人员送进高校进行继续教育，通过双方的互动互学，提高老师和编辑的理论水平和实践能力，提升个人可持续发展能力，并推动业界和学界共同解决专业概念不统一、专业教材匮乏的状况。

此外，为了加强数字出版行业的学术交流，提高学生的科技创新能力和编辑职业素养，高校学生和已经参加工作的编辑可积极参与出版业各项比赛如全国大学生及青年编辑数字作品大赛等，一方面可以检验自己的学习成果和提升个人信心，另一方面也可以通过与专业评审的交流认识到数字出版发展的趋势，指引自己未来的发展。

数字出版方兴未艾，其人才培养任重而道远，需要一代又一代人的努力。在这个信息爆炸的时代，数字出版唯有坚守内容、融合科技。香港浸会大学朱立教授曾言："我们的学生工作以后可能不得不做违规的事，但他在价值判断上能够认识到这是错误的，这就是我们新闻教育的成功！"数字出版教育也是如此，我们现实中依然存在很多问题且短时间内无法解决，但是我们的教育应该让学生树立正确的价值观，培养他们的职业热情、信心、道德和操守，这就是数字出版教育的成功。而这样的学生将来一定会担起数字出版的重任，带领数字出版不忘初心，继续前进。

参考文献

[1] 王坤宁、李婧璇．北京国家数字出版基地扬帆起航［N］．中国新闻出版

报,2015 – 6 – 20.

［2］中国新闻出版广电报.2015 – 2016 中国数字出版产业年度报告［R］.北京:中国新闻出版研究院,2016.

［3］陈丹、张志林.北京印刷学院数字出版人才培养探索［J］.科技与出版.2010,(8):67 – 69.

［4］崔立.数字出版 复合型人才何处觅?［N］.出版商务周报,2011 – 12 – 15.

［5］谢维和.解读:把握人才培养规律 加快创新型人才培养［N］.中国教育报,2012 – 8 – 7.

关于本科生利用网络开展研究性学习的若干思考*

王京山**

摘　要：通过利用网络进行研究性学习的改革与实践，证明利用网络资源推进本科生开展研究性学习的策略不但是可行的，也是有效的。推进本科生开展研究性学习需要思想观念的深刻变革，同时要正确认识网络在推进本科生研究性学习中的地位和作用，充分发挥教师的引导作用。研究性学习的进一步开展，可以促进高校师生更新教育观念，改变教学和学习方式。

随着网络技术的发展和演进，利用网络技术辅助教学已成为当前高校教育教学的常态，这表明网络的发展已经渗透到高等教育的诸多领域。但是单纯利用网络技术辅助教学是远远不够的。进一步鼓励、督促

---

　*　本文为北京印刷学院教改项目"利用网络信息推进本科生研究性学习的改革与实践"的成果之一。本文收录于《新闻出版学院2010年教学科研论文集》。

　**　作者简介：王京山，北京印刷学院新闻出版学院教授。

本科生利用网络开展研究性学习,以此进一步培养学生的创新精神和实践能力,无疑具有更为深远的现实意义。

一、推进本科生开展研究性学习需要思想观念的深刻变革

研究性学习是一种以学生自主性、探索性为基础的新的学习方式,它注重学生动手实践、独立思考、自主学习、解决问题的能力。研究性学习的一个重要特点,是它重视教学、学习主体(学生、教师)的主体性、主动性,崇尚学习过程的自主、创造。因此,实施研究性学习对于改变学生的学习方式、促进教师教学方式的变化、培养学生的创新精神和实践能力具有重要的作用。

众所周知,人类教育实践中大体包含两种类型的教育形式:第一种是"传授性教育",即通过系统的信息传授,让学习者"接受"相关的知识,显然这是一种被动的"填鸭式"学习,其学习效果有一定局限;还有一种就是"体验性教育",即让学习者通过自身的实践和体验,自主学习,自主建构自己的知识体系,与之相适应的学习方式即是研究性学习。公允地说,"传授性教育"和"体验性教育"就如鸟的两翼、人的两腿,二者不可偏废。若过于偏向某一方面,对于学习者的均衡发展是不利的。比如,通过"传授性教育",学习者可以用最短的时间、尽可能高的效率,掌握人类进化数万年积累下来的遗产,并使其代代相传,绵绵不绝。在这里,"传授性教育"可以有效克服人类固有的一些思维惰性,因之具有相当的意义和价值。

但是,任何事物都是过犹不及。"传授性教育"的思维模式是把学生的头脑想象成一个"仓库",当"仓库"空空如也的时候,"传授性

教育"还是必要的。但是，当"仓库"已经建立起基本的"货架"，能够有效存放"货物"的时候，"管理员"就应该上岗，行使管理职能。[1]而我们目前的情况是，"传授性教育"过多过久。不但在中小学阶段，"传授性教育"占据绝对优势，许多学生已习惯于背诵记忆和题海战术；即使到了高等教育，研究性学习也还远远不够。本科生已经成人，应该大力开展研究性学习，以利于创新精神的培养，但是研究性学习的观念还没有深入人心。可以这样说，我们的学生还没有建立研究性学习的习惯，相应的，教师也缺乏"体验性教育"的相关经验。这为我们培养具有创造力的创新型人才设置了障碍。

推进本科生开展研究性学习需要思想观念的深刻变革，对于学生是如此，对于教师更是如此。我认为，研究性学习最重要的魅力在于充分尊重学生的主体地位，让学生自我学习，自主提出问题、解决问题，使学生体会到发现的乐趣，这样学生不但通过研究性学习学到新知识，还掌握了新的学习方法，并改进被动应付的学习态度，形成自主学习的好习惯。因此，推进本科生开展研究性学习不单单是提供新的教育教学方法和手段，还需要在培养学生发现问题、分析问题、解决问题的能力方面下功夫，需要在教师更新教学观念的基础上不断革新考核评价方式，促进学生的全面成长。

二、正确认识网络在推进本科生研究性学习中的作用和地位

可以这样说，网络是推进本科生研究性学习的有力工具。网络是知识信息的海洋，使用网络的人无不震撼于网络信息海洋的浩瀚与博大。因此网络在推进本科生研究性学习中具有重要的地位和作用。

首先,网络具有极为丰富的知识信息资源,是取之不尽用之不竭的"知识喷泉"。网络上以网页、数据库、文档等形式存在的关于自然、社会、生活以及各学科的信息资源为研究性学习提供了研究、探索、实践的材料。对于获取知识渠道单一、知识相对匮乏的本科生而言,这是学习探索的无价之宝。

其次,网络还提供搜索引擎、各种应用软件等工具软件,这是研究性学习的重要辅助工具。这些工具软件可以为研究性学习提供研究、探索、实践的模拟环境,促进学生认识水平和动手能力的提高。

同时,网络可以为研究性学习搭建协作平台,提供交流、协作和项目管理工具。大多数情况下,研究性学习需要交流与协作,参与成员彼此通过交流沟通实现共进协同,可以提高学习研究的效率。而网络提供了交流协作的平台,从而提高了研究性学习的效率。

因此,网络资源、工具软件、网络平台为本科生实施研究性学习提供了重要条件,这使得网络在推进本科生研究性学习的过程中发挥着举足轻重的作用,具有无法替代的重要地位。

但是,我们也要看到,研究性学习尊重和强化学生的主体性,需要学生具有高度的自觉,不能失去其主体性。如果研究性学习失去了主体性,那么研究性学习也就失去了意义和价值。

在这方面,反面例子比比皆是。本科生尽管已经成人,但是自制力相对较差,面对浩瀚的网络信息世界,往往有许多不适应。曾几何时,不少同学沉迷于网络游戏、网络聊天不能自拔,导致学业成绩一落千丈,有的被迫辍学终止学业,这些为我们正确使用网络提供了反面教材。

我们也要看到,网络信息的组织模式还不太适合本科生研究性学习的要求。搜索引擎"回车即得"的操作方式弱化了学生刻苦钻研的精神，网络信息资源的超链接组织方式不利于学生逻辑思维的培养。凡此种种，使不少同学满足于"复制、粘贴、过就好"的低层次循环中，反而不利于学生创新精神和创造能力的培养。

故此，要正确认识网络在推进本科生研究性学习中的地位和作用。不管网络技术如何发展，网络信息资源如何丰富，研究性学习的主体仍然是广大学生。我们的目的是要培养有创新精神的一代新人，而不是一个个的"网虫""网迷"，否则就会舍本逐末、得不偿失。

三、在利用网络开展研究性学习过程中充分发挥教师的引导作用

在利用网络开展研究性学习过程中，教师的主要职能不再是传授既有的定型知识，而是一个引导者，引导学生发现问题、分析问题、解决问题，并指导学生利用网络获取信息，梳理信息，帮助学生树立自主学习的信心和习惯，并及时总结经验，推进研究性学习的深入开展。

研究性学习中教师已不是单一的知识来源，教师要引导学生利用网络获取各种知识信息，并开动脑筋分析问题、解决问题。在这一过程中，教师的任务不是减轻了，而是加重了。利用网络开展研究性学习要求教师不单单是一个知识的传授者，还要有各种技能，尤其是利用网络技术和获取网络信息资源的能力。[2]教师要设计具体的研究性学习方案，帮助学生落实相关计划，指导学生确立解决问题的思路，及时纠正学生的偏向，保证研究性学习取得圆满成功。网络提供了统一的学习空间，教师既可在真实的学校中、也可在虚拟的网络中指导学生的学习，因此教师要以统一的视角考虑各个阶段学习辅导策略。

教师在推进本科生研究性学习的过程中发挥引导作用，最重要的是帮助学生提出问题。利用网络开展研究性学习是以学生为中心、通过网络自主学习的学习模式，但这并不意味着教师可以完全放手让学习自行发展。在网络研究性学习中，教师要充分发挥导航作用，尤其在学生学习迷航时，帮助学生确立研究性学习的方向。教师要重视对学生的全面教育，在提出问题、分析问题、解决问题的各个阶段，根据具体情况相应地调整研究过程，促进学生养成良好的信息素养，才能达到网络研究性学习的目的。

通过利用网络进行研究性学习的改革与实践，证明利用网络资源推进本科生开展研究性学习的策略不但是可行的，也是有效的。我认为，研究性学习的进一步开展，可以促进高校师生更新教育观念，改变教学和学习方式。同时，研究性学习为学生提供了多渠道获取知识、运用知识的机会和环境，与以往的被动学习相比，学生的学习积极性、主动性大大增强了。我们将以此为契机，进一步深化教育教学改革，使高校教学服从服务于当今社会高素质人才成长发展的大局，为培养学生的创新精神和创造能力而不断努力。

参考文献

[1] 吴虎、李志国、吕明华. 刍议网络研究性学习. 科技资讯，2010（8）：175。

[2] 王曙芬. 网络环境下学生研究性学习能力的培养. 赤峰学院学报（自然科学版），2010（1）：194-195。